...ILIEUX ANARCHISTES

LES BANDITS TRAGIQUES

PAR

VICTOR MÉRIC

SIMON KRA, ÉDITEUR — PARIS

LES BANDITS TRAGIQUES

OUVRAGES DU MÊME AUTEUR

Les Hommes de la Révolution : *(épuisé)*.

Jean-Paul Marat	1 vol.
Camille Desmoulins	1 vol.
Gracchus Babeuf	1 vol.

(Librairie du Progrès).

Emile Zola, étude *(épuisé)* (Edition des Portraits d'hier).

Comment on fera la Révolution ? une plaquette *(épuisé)*.

Ce volume a été déposé au Ministère de l'Intérieur en 1926.

LES BANDITS TRAGIQUES

PAR

VICTOR MÉRIC

SIMON KRA, ÉDITEUR - PARIS

Depuis quelque temps, un nom fort peu connu du public, ou bien oublié, le nom d'Eugène Dieudonné est revenu souvent, très souvent, sous la plume de nombreux écrivains et journalistes.

Qu'est Dieudonné ?

Un bandit !... Un forçat !...

Un des malfaiteurs tragiques dont les exploits sanglants suscitèrent, pendant des mois, une curiosité mêlée d'épouvante. Un anarchiste faisant partie de ce qu'on a appelé la bande à Bonnot, encore que Bonnot, vulgaire criminel de droit commun, ne fut jamais, comme on a voulu le croire, l'âme véritable, l'organisateur et le chef reconnu de ces légendaires meurtriers : les Bandits en auto.

C'est parce qu'il avait connu, par hasard, ce Bonnot et parce qu'il était mêlé au mouvement anarchiste illégaliste qu'en dépit de tous les témoignages et des preuves accumulées de son innocence, Dieudonné s'est vu condamner, à mort d'abord ; puis au bagne à perpétuité.

Ce qui a pu attirer particulièrement l'attention sur cette victime, ce sont, pour commencer, les reportages de nos confrères Albert Londres et Louis Roubaud, lesquels ont pu le joindre là-bas et lui arracher quelques mots. Puis le manuscrit adressé à M. Chanel, gouverneur de la Guyane, contenant les souvenirs du forçat innocent.

Ces souvenirs, je les ai eus sous les yeux et l'on a bien voulu me confier le soin de les voir de près. Je les ai lus avec émotion. Oh ! l'écriture en était maladroite, quelque peu ingénue, mais combien éloquente par instants et d'une éloquence terrible.

Et quelles « remembrances » elle a fait soudain éclore ! Les bandits tragiques : Bonnot, Garnier, Valet, Callemin dit Raymond la Science, Soudy, Carouy, et les milieux anarchistes illégalistes, et toute la chevauchée sauvage, éperdue, vertigineuse, qui, durant un an, jeta la perturbation dans le public. Toute une période de folie héroïque et de crimes monstrueux. Tout un passé d'erreurs sublimes et d'égoïsme sordide.

Tout un monde sur lequel il faut s'être courbé, qu'il faut avoir fouillé pour le comprendre et oser le peindre.

8

.·.

Qu'était-ce donc que ce monde étrange, mélangé, bizarre, qui semble si lointain, si inaccessible aux gens paisibles ? Un ramassis de pauvres hères désaxés par des théories fumeuses, coupables surtout d'avoir ingurgité, sans les digérer efficacement, des axiomes scientifiques hors de leur contrôle et de leur intellect. Mais aussi des hommes de volonté âpre, fatigués des vaines déclamations et des paroles stériles, soucieux d'action, dévorés du besoin de s'affirmer.

Les malheureux voulaient vivre... « vivre la vie intense », vivre par tous les moyens.

Ils s'évadaient du clan des résignés pour bondir sur leurs semblables, telles des bêtes fauves.

Ils ont agi. On sait comment. Ils ont payé aussi et non sans crânerie ! Une crânerie même qui fait regretter que de telles énergies n'aient pas trouvé à mieux s'employer.

Mais ne nous appesantissons pas là-dessus. Considérons les choses d'un autre point de vue que celui du boutiquier, fauteur de vie chère et, malgré tout, honnête personne. Les bandits qui terrorisaient Paris ne sont plus. Laissons-les au jugement de l'histoire.

9

Mais les morts replongés dans leur silence, il reste les vivants. Et de ces vivants qui sont comme des morts, Eugène Dieudonné.

On a révélé les souffrances imméritées de cet homme.

On a dit toute l'injustice de son sort.

Cependant, les trois syllabes qui composent ce nom : Dieu... don... né... ne correspondent, dans l'esprit des vieilles générations, qu'à de vagues, très vagues réminiscences. Pour les jeunes, ceux qu'on baptise les nouvelles couches, c'est de l'histoire ancienne, de la vieillerie fripée qui ne vaut pas un regard, en un temps où l'on a d'autres chats à fouetter, où les regrets sont superflus, les retours vers le passé incongrus et où tant de nouveautés mirifiques sollicitent l'attention promptement détournée.

C'est que le drame n'est pas d'hier. Mil neuf cent douze, pensez donc ! C'est vieux, si vieux.

Depuis, la guerre a passé, dévastatrice ; et après la guerre, des révolutions, des changements de régime, des monarques écroulés, des nations neuves, des problèmes et des problèmes imprévus dont on s'efforce vainement de faire surgir la solution.

Alors quand vous venez, maquillé de candeur,

10

dire aux hommes d'aujourd'hui : » Vous savez, il y a là-bas, de l'autre côté des mers, un infortuné qui connaît les pires tortures morales, un innocent jadis sacrifié, jeté en pâture à l'épouvante générale, un pauvre diable d'homme qui a famille, enfants, et crève de ses illusions... Alors, quand vous tenez ce langage aux braves gens, vos contemporains, vous les voyez hocher la tête, esquisser un geste las et murmurer :

— Ah ! oui Dieudonné !... le bandit tragique... Erreur judiciaire... Bah ! il y a tant d'innocents, tant d'innocents de par le vaste monde...

Remuer toute cette mer d'indifférence égoïste, ce n'est pas tâche aisée...

Peut-être le film y parviendrait-il, au fond des quartiers populaires... peut-être le roman-feuilleton avec des « à suivre » pleins d'à-propos... Mais de la simple prose humaine, sans littérature, sans affèterie, de la prose jaillie du cœur, trouble et banale, comme la vie... des pages douloureuses et sans emphase, semées de maladresses et de puérilités comme celles qui contiennent les souvenirs de ce malheureux...

N'importe, il faut qu'on sache.

Depuis plus de douze années, un homme dont le seul crime fut d'avoir opté pour un idéal peut-être inaccessible, d'avoir rêvé de bonté, de fraternité, de liberté, expie férocement, sordidement,

un crime qu'il n'a pas commis, un crime que
d'autres ont revendiqué avec opiniâtreté et pour
lequel ils ont offert leurs têtes... Car, répétons-le,
c'est ainsi. Malgré les affirmations des vrais coupables, malgré les faits dont la lumière paraissait
à tous éclatante, Eugène Dieudonné a été condamné au bagne, rayé de l'existence...

Est-ce que douze années de supplice ne suf-
fisent point ?

Est-ce que, même s'il avait, dans le fond de sa
conscience sophistiquée par des théories plus
absurdes que criminelles, approuvé les tentatives
de rebellion sociale et de malfaisance individualiste, Eugène Dieudonné n'aurait pas assez
payé ?

Ceux qui se sont penchés sur ses confessions
ont découvert une âme d'élite, un cœur sensible,
prompt aux révoltes et aux emballements géné-
reux, avide de savoir, tourmenté par le spectacle
des quotidiennes iniquités. Pour tout dire, un
beau tempérament que les hivers et les étés, dans
la case du paria, n'ont pu entièrement annihiler.
Un homme qui n'a jamais cessé d'être un homme
et un honnête homme, dans le sens large du mot.
Un forçat pour lequel l'administration péniten-
tiaire, convaincue, intercède, et qu'il importe de
rendre, au plus tôt, à ses affections familiales, à
ses amis, à son labeur...

C'est pourquoi, utilisant le plus possible les
« Souvenirs » qui furent publiés dans *Paris-Soir*,
nous avons cru utile de faire revivre ici les péri-
péties multiples, sanglantes et déconcertantes de
ce drame sans précédent qui a pris place dans
l'histoire sous la dénomination des *Bandits Tragiques*.

Nous nous sommes attachés aussi à faire surgir la vraie personnalité de Dieudonné et, surtout,
à établir son indiscutable innocence.

Cet homme qu'on a transformé en chef de
bande et en assassin, qu'on a jeté de force dans
une association de malfaiteurs, qu'on a accusé du
meurtre de la rue Ordener, est une pitoyable
victime, immolée à la peur et à la haine. Car
Bonnot, quelques minutes avant de mourir à
Choisy-le-Roi, alors que, blessé, assailli par les
forces policières, il était parvenu à l'heure où
l'on ne sait plus mentir, écrivait en quelques
notes brèves, sur une sorte de testament, ces
mots que l'on n'a pas assez retenus : « Dieudonné
est innocent ! »

Car, Garnier, traqué par la police qu'il nar-
guait, écrivait au juge et au Chef de la Sûreté :
« Dieudonné est innocent. Il n'était pas rue Ordener ! »

Car, Callemin, condamné à la Cour d'Assises,
se levait pour déclarer : « J'ai un aveu à faire :

Dieudonné est innocent ! C'est Garnier et moi qui sommes les vrais coupables ! »

Car, il fut établi qu'à l'heure où le crime s'accomplissait, Dieudonné, sur lequel les patrons fournissaient les meilleurs renseignements, travaillait à Nancy.

Alors, que restait-il contre cet homme ? Le témoignage de la victime, le garçon de recettes Caby. Mais ce malheureux troublé, affolé, avait déjà reconnu la photographie de Garnier, qu'on lui présentait. Et s'il crut reconnaître, par la suite, Dieudonné, ce fut à l'aide d'une mise en scène scabreuse et d'une pression abominable.

Cependant les jurés, cédant au vertige, ont déclaré Dieudonné coupable. Les juges ont condamné à mort. Mais le Président de la République — c'était M. Poincaré — après examen du dossier a gracié. Dieudonné est parti au bagne. Cela fait treize années qu'il y est, bientôt. »

.
. .

Essayons donc de ressusciter ce drame où, des deux côtés de la barricade, il y eut des sacrifiés.

Drame sans précédent, a-t-on pu dire.

Drame inégalable. Drame sans réplique.

14

Drame profondément émouvant où l'horreur le dispute à la pitié.

Drame qui tentera, peut-être, un jour, quelque plume de génie et qui permettra à l'historien de situer une époque de féroces luttes sociales.

Epoque de tristes lâchetés, de rêves impuissants et d'infécondes révoltes.

Epoque d'empirisme et de barbarie où des Jasons dépenaillés se ruaient à la conquête des Toisons d'or, dans le labyrinthe des coffres-forts triplement verrouillés, sans autre fil conducteur que le browning meurtrier, crachant son âme de plomb inconsciente...

I

L'ATTENTAT DE LA RUE ORDENER

Cela commença le 21 décembre 1911 — voici quatorze années bien pleines, comblées par d'autres tueries.

Les journaux s'envolaient de mains en mains, sur les boulevards, parmi les hurlements des camelots : *Demandez le crime de la rue Ordener ! Un garçon de recettes assassiné en plein jour ! Les meurtriers tirent sur la foule !* L'émotion, on peut encore s'en souvenir, fut énorme.

Le crime, accompli avec une habileté consommée, un sang-froid inouï, conçu et réglé dans tous ses détails, était de nature à provoquer l'épouvante. Il apparaissait de toute évidence qu'on se trouvait en présence d'une bande supérieurement organisée, affichant une audace monstrueuse et que le forfait dépassait singulièrement les crimes même les plus retentissants auxquels on était, jusqu'ici, accoutumé.

Et tout de suite, le même mot courut sur toutes les lèvres : « Anarchistes !... Crime anarchiste !... » On évoquait les journées de terreur folle de 1894... les bombes... Ravachol, Vaillant, Emile Henry. Pour le public, nul doute. C'était une déclaration de guerre des anarchistes à la société.

Que s'était-il passé ?

Les faits étaient les suivants : Ce matin de décembre, maussade et pluvieux, un garçon de recettes se dirigeait vers la succursale de la Société Générale, 146, rue Ordener, muni de sa sacoche lourde des fonds nécessaires à la journée. Paisible, il venait de descendre, en compagnie d'un collègue, du tramway qui s'arrêtait précisément dans cette rue. Ce garçon de recettes se nommait Ernest Caby. Sa sacoche renfermait une collection de titres d'une valeur de 318.772 francs, plus un petit sac contenant 5.266 francs de monnaie. Dans une poche intérieure de ses habits, un portefeuille recélait 20.000 francs en billets et rouleaux d'or.

A une quinzaine de mètres à peu près de l'Agence, Caby, qui suivait son collègue, se trouvait un peu en arrière. A ce moment, il vit, brusquement, se dresser un individu qui, sans un mot, se campa devant lui, le regardant fixement, avec des yeux où passait une double flamme. Cet homme cachait ses deux mains dans ses poches. Il se tenait immobile, farouche, face au garçon de recettes. Mais, soudain, sa main gauche apparut, armée d'un revolver.

Il fit feu.

Le garçon de recettes, atteint à la poitrine, tomba sur les genoux. Il tenta, dans un effort, de défendre son fardeau, de se raccrocher. Mais l'inconnu, sans se départir de son calme, lui tira dans le dos, de haut en bas, un deuxième coup de revolver, et, d'un geste brusque, lui arracha la sacoche.

En même temps, un complice surgissait, qui acheva prestement de dépouiller la victime.

Au premier coup de feu, le collègue de Caby, un nommé Peemans, se précipita dans les bureaux de l'Agence, criant : « Au secours ! » Mais les deux agresseurs n'avaient pas attendu. Ils sautèrent dans une automobile qui stationnait à quelques pas de là et qui démarra immédiatement.

Tels étaient les détails, brutalement résumés. Le garçon revolvérisé à bout portant, la sacoche arrachée et la fuite dans l'auto. L'enquête révéla, par la suite, que la voiture hospitalisait, outre le chauffeur, un troisième individu. Il y eut des passants qui tentèrent de s'opposer à la fuite. Ils essuyèrent des coups de revolver qui, par extraordinaire, n'atteignirent personne.

Au tableau : un garçon de recettes assassiné, l'argent et les titres enlevés et l'auto mystérieuse s'évanouissant dans l'inconnu.

*
* *

L'infortuné Caby fut transporté d'abord dans une pharmacie voisine où il reçut les premiers soins, puis à l'hôpital Bichat. Deux balles l'avaient atteint, l'une à la base du cou, l'autre au sein droit. Il était incapable de prononcer le moindre mot. Inutile d'essayer de l'interroger.

Son état apparut extrêmement grave.

Quels étaient les bandits qui avaient osé préparer et exécuter un coup de main aussi audacieux ? Nulle piste. On s'obstinait à parler des anarchistes. Mais lesquels ? Et quelles preuves ?

Le lendemain, on apprenait que l'auto, la fameuse auto du crime venait d'être retrouvée... à Dieppe, rue Alexandre-Dumas, abandonnée dans la boue.

Elle avait fait du chemin, depuis le meurtre du garçon de recettes...

Traînée par deux chevaux, elle fut conduite dans un garage et, après examen minutieux, on découvrit à l'intérieur divers objets : une peau de bique marron, une pince-monseigneur, plusieurs bidons vides. La plaque d'avant, enlevée, fut retrouvée dans un jardin ; elle était marquée 668 X-8. Sur les portes, on releva les initiales J.-M., ce qui permit d'établir rapidement que la voiture du crime appartenait à M. Normand, propriétaire à Boulogne-sur-Seine, et qui, justement, avait déposé une plainte pour vol, accompli dans la nuit du 13 au 14 décembre, dans le garage attenant à sa maison d'habitation.

On tenait donc un indice.

On sut rapidement que les voleurs avaient pu pénétrer chez M. Normand à l'aide de fausses clés, d'escalade et d'effraction. En dehors de la voiture, des vêtements et divers objets avaient disparu cette nuit-là.

Mais toutes ces découvertes ne fournissaient pas l'identité des malfaiteurs.

La police pataugeait. Elle suivait, au petit bonheur, les pistes les plus variées. La Société Générale s'en mêla et promit une prime de 12.500 francs à quiconque, en France ou en Angleterre, fournirait des indications utiles permettant la capture des énigmatiques bandits, dont le signalement approximatif était donné, d'après les dires des témoins, à tous les postes de police de Londres et de Paris, ainsi qu'à toutes les maisons susceptibles de négocier les titres volés.

Il se produisit alors un curieux phénomène d'auto-suggestion collective. On crut voir les bandits partout. On les signala, à la même heure, dans les lieux les plus divers !

A Bruxelles, un garçon de café affirma que deux clients, parlant la langue française, s'étaient partagé de nombreux billets de banque. Puis les soupçons se portèrent sur un Italien du nom de Ravera, spécialiste des vols d'accessoires d'autos et de bicyclettes, bandit très dangereux et capable de vendre cher sa peau.

On en venait à oublier les anarchistes, accusés dès les débuts. Après quoi, on fit observer que les individus arrêtés ou simplement soupçonnés habitaient, pour la plupart, Montmartre, entretenaient, dans ce quartier cher aux rapins, d'étranges relations. Il n'en fallut pas plus pour imaginer l'existence d'une bande internationale, responsable de tous les crimes et menus larcins de l'époque.

Il faudrait feuilleter les collections de journaux du temps pour se rendre compte de l'effet produit par l'assassinat de la rue Ordener et des dépenses d'imagination des fins limiers, reporters d'alors. Chaque tributaire des rubriques de faits divers se transformait en détective. Sherlock Holmes était enfoncé.

Un confrère lança une idée ingénieuse. Selon lui, le nommé Barbe, dit le « Bicot de Montmartre » qui, avec le concours de trois complices, venait de dévaliser un encaisseur à Puteaux, et de s'enfuir dans une auto, était dans l'affaire de la rue Ordener. On reconnaissait sa marque de fabrique. Hélas ! Il fallut bientôt déchanter. Le fameux Bicot n'était pour rien dans l'histoire.

Des jours coulèrent qui n'apportèrent rien de nouveau.

Mais, soudainement, une piste plus sérieuse apparut. Le sieur Chaperon, appariteur de la commune de Bobigny, vint déclarer au commissaire de police de Pantin qu'une auto en tout semblable à celle de M. Normand avait été garée, dans sa commune, chez un certain Detwiller. La police, qui ne savait plus où donner du nez, se précipita chez ce Detwiller. M. Hamard, chef de la Sûreté, perquisitionna longuement et méticuleusement. Puis, il arrêta Detwiller et sa femme.

Interrogés, les deux prisonniers firent la même déclaration :

« Dans la nuit du 13 au 14 décembre, expliqua Detwiller, je fus réveillé par quatre hommes qui me demandèrent à remiser leur voiture, dont la manivelle était faussée. L'un me donna son nom : Charles Delorme, place du Marché, à Melun. Puis ils partirent.

« Dans la nuit du 20 au 21, vers une heure, on vint encore me réveiller. C'étaient trois des visiteurs du 14. Le patron n'était pas avec eux. Ils me dirent qu'ils venaient chercher l'auto, qu'ils allaient à Paris prendre leur patron, lequel était au théâtre, et ils partirent après m'avoir payé. »

Telles furent les explications de Detwiller.

Elles parurent suspectes. M. Hamard garda le garagiste en état d'arrestation ainsi que son épouse. En même temps, il faisait appréhender une femme B.., qui vivait avec son amant et sa fille chez les Detwiller. Mais cette dernière affirma qu'elle ne connaissait rien du séjour de l'auto chez ses hôtes et qu'elle n'avait rien vu, rien entendu. Quant à l'amant, il se trouvait à ce moment-là sur les marchés où il vendait de la fausse bijouterie.

Le compagnon de la femme B... se nommait Edouard Carouy. Il était connu comme anarchiste. Ses amis l'avaient baptisé « le Rouquin ».

Ainsi, après avoir tâtonné de nombreux jours, l'enquête, par un coup de hasard, revenait aux anarchistes.

Mais ce qui fut le plus curieux et ce que personne ne put s'expliquer par la suite, c'est qu'après cette belle opération, dès le lendemain, les journaux annonçaient que l'assassin de Caby venait d'être identifié. Et cet assassin, affirmait-on, c'était Carouy, l'anarchiste Carouy, dont on tenait déjà la maîtresse. Il ne manquait plus que les complices, mais, disaient les informateurs, très renseignés, cela ne pouvait tarder.

Circonstance aggravante pour Carouy, on avait trouvé, dans le double-fond de sa voiture, une pince-monseigneur perfectionnée, un de ces outils dont se servent les perceurs de murailles. Plus d'hésitation, c'était bien lui l'assassin.

II

LE CRIME DE THIAIS

Brusquement, un nouveau crime vint passionner l'opinion publique qui commençait à se lasser des lenteurs de l'enquête et de ses contradictions.

Un rentier de quatre-vingt-onze ans, habitant Thiais, près de Choisy-le-Roi, 2, rue de l'Eglise, était assassiné en compagnie de sa bonne, Mme veuve Arfeux, âgée de soixante-douze années. Cela, le 3 janvier 1912, c'est-à-dire trois semaines après l'attentat de la rue Ordener.

Naturellement, ce nouveau crime fut attribué, sans la moindre hésitation, aux mystérieux malfaiteurs que déjà l'on appelait : « Les bandits en auto. ». Pourtant, il ne portait pas la même marque de fabrique. Le crime apparaissait banal.

La propriété de la victime se composait d'un grand pavillon, d'une cour et d'un jardin. Le pavillon donnait, d'un côté, sur la rue, de l'autre sur

la cour et un mur de trois mètres de haut environ
entourait le jardin.

Telles étaient les dispositions des lieux. Quant
à M. Moreau, le propriétaire, c'était un vieillard
alerte, sortant fréquemment de chez lui avec une
voiture et un cheval qu'il conduisait. Il était connu
de tous dans le pays et l'on savait qu'il gardait
chez lui une somme importante faite d'argent
sonnant et de titres.

Les deux vieillards, le patron et la bonne, se
levaient généralement de bonne heure.

Aussi, le 3 janvier, une voisine, Mme Brun,
mercière, surprise de voir que la maison demeurait close et silencieuse, envoyait-elle sa fille prévenir M. Arfeux fils, qui habitait non loin du pavillon Moreau.

On appela, on cogna à la porte.

Pas de réponse.

Alors, avec l'aide d'un serrurier, on se décida à
pénétrer à l'intérieur. En même temps on préve-
nait le commissaire de police de Choisy-le-Roi.

Pour commencer, les autorités firent enfoncer
la porte cochère, et l'on entra dans la cour. La
porte de derrière du pavillon était grande ouverte.
Au rez-de-chaussée régnait un désordre extraordinaire : tiroirs ouverts et vidés, chaises renver-
sées, meubles déplacés. Mais le drame attendait
au premier étage. Là M. Moreau était étendu
sur son lit, les bras allongés comme pour se défendre ou repousser l'adversaire, le visage atroce-
ment crispé par la peur. Son corps portait la

trace de treize coups d'un instrument tranchant.

Blêmes, terrifiés, les policiers et le fils Arfeux passèrent dans la seconde pièce. Ils eurent un recul soudain d'épouvante. La servante gisait, comme son maître sur son lit ; mais elle avait été assommée, ligotée, et, enfin étranglée,

· Crime effroyable, qui, en temps ordinaire, eût suffi à surexciter la curiosité publique. Mais, après le meurtre du garçon de recettes, la chasse aux anarchistes, les révélations sur l'étrange Carouy, les indiscrétions concernant les exploits d'une bande de criminels cyniques et féroces, on imagine l'effet produit.

Paris ne parlait plus que de ça, ne vivait plus que pour ça.

Les amateurs de fortes sensations en avaient pour leur argent.

L'enquête, menée rapidement, apporta quelques détails. D'abord, on releva les empreintes digitales des assasins ; puis, dans le jardin, des traces de pas conduisant au pavillon et des traces d'escalade. On put établir que les malfaiteurs portaient des espadrilles, qu'ils avaient franchi le mur, traversé le jardin, et qu'ils étaient entrés, sans peine dans le pavillon par la porte donnant sur la cour.

Après avoir tué les deux vieillards, ils avaient fouillé les meubles, et enlevé, dans un secrétaire à peu près vingt mille francs de titres et une certaine somme de pièces d'or de quarante, cinquante et cent francs.

Le crime avait été commis vers les quatre
heures du matin. Le médecin constata que le
vieillard avait reçu des coups de marteau et des
coups de couteau. La servante portait des traces
de coups à la figure, elle avait, de plus, le nez
cassé.

Mais, en dehors de ces constatations faciles,
rien.

Cependant, les soupçons se portèrent sur un
certain Grau, voisin de la victime, cordonnier de
son état, qui, dans les cabarets du pays, avait
paraît-il, tenu des propos menaçants. Le pauvre
diable l'échappa belle. Mais, comme le disait
l'acte d'accusation : « les propos de Grau n'ont
pas paru assez précis pour être retenus ». On
abandonna la piste du cordonnier.

Et, tout à coup, sans qu'on sut pourquoi ni
comment, alors que l'enquête se débattait dans le
vide et que toute information sérieuse faisait
défaut, voici que le nom de Carouy, de l'anarchiste Carouy, fut jeté en pâture à l'opinion. Cette
fois on y joignait le nom d'un complice : Metge.
Pourquoi Carouy et Metge ? Pourquoi la presse
sortait-elle ces noms fournis par la Sûreté, alors
que rien ne permettait de les désigner plus particulièrement que d'autres. Après les années écoulées, cela s'explique aisément. Il y eut alors une
véritable crise de délation. Les mouchards affluèrent dans les bureaux de la Sûreté. La prime
portée à cent vingt-cinq mille francs, ne fut pas
étrangère à maints bavardages et à mille lâche-

tés. Plus tard, un chef de la Sûreté pouvait affirmer, sans risquer le moindre démenti, que pas un
policier professionnel n'avait touché un centime
de la généreuse prime. Tout l'honneur, comme
tout le bénéfice, des arrestations importantes, revenait à des mouchards amateurs.

III

PREMIERS DÉTAILS

Une semaine s'écoula à la suite du double crime
de Thiais, au cours de laquelle ce fut le silence à
peu près complet.

Il faut dire que de graves évènements politiques
sollicitaient l'attention. M. Caillaux, président du
Conseil, venait de démissionner, et, la crise gou-
vernementale paraissait difficile à conjurer. Mais
le 14 janvier, M. Poincaré formait le ministère.
Les journaux, alors, se reprirent à songer aux
bandits en auto et se hérissèrent de détails nouveaux.

L'enquête sur l'affaire de la rue Ordener marchait à pas lents. Un témoin, l'aide en pharmacie
Colmant, qui avait assisté au drame, faisait le
récit suivant :

« J'allais chercher des timbres au bureau de
poste voisin quand j'assistai à cette invraisem-
blable agression. Je vis le malheureux garçon de

30

recettes tomber à terre, je le vis dépouillé par son agresseur. Celui-ci, plutôt petit, les cheveux crépus, les moustaches minces et noires, le teint mat et bronzé — en somme un type de méridional — ne doit pas avoir plus de vingt-deux ans. »

Le même témoin, doué d'un admirable sang-froid, avait crié à un charretier qui passait par là de barrer la route à la voiture. « Mais, ajouta-t-il, le charretier ne comprit pas. »

Quel pouvait être cet homme au type méridional dont parlait le témoin ? Nul ne s'en doutait à l'exception de ses camarades anarchistes qui, à son signalement, ne manquèrent point de reconnaître un certain Garnier, le légendaire Garnier, dont le nom bientôt était sur toutes les lèvres.

Mais, à l'heure où l'enquête débutait, la police ne savait rien encore de Garnier, ni de son existence. Il n'y avait pas de raisons pour qu'elle le soupçonnât. Elle se contentait, d'ailleurs de procéder à des arrestations plus que surprenantes, au hasard, quitte à relâcher les malheureux suspects. Et dans l'obscurité qui enveloppait le drame, pas la moindre lueur.

Mais le 23 janvier, sensationnelle révélation. Les journaux portent en manchette le nom de l'assassin de Caby. Et ce nom surgit, l'on ne sait d'où, miraculeusement : Garnier. Garnier ! Le *Matin*, toujours bien informé, assure :

« On connaît maintenant, et sans doute possible l'un des principaux coupables, celui qui tira sur

M. Caby et le dépouilla du sac de valeurs. On vient d'arrêter sa maîtresse la femme Vouillemin. »

Suivent, en guise d'accompagnement au texte flamboyant et péremptoire, les photographies de Garnier et de Marie Vouillemin. Comment le *Matin* se les était-il procurées ? Comment le nom de Garnier était-il sorti aussi soudainement ? De même que pour Carouy, on peut répondre : Mystère et mouchardage.

Le lendemain 24 janvier, M. Gilbert, juge d'instruction, se rendit à l'hôpital Bichat, en compagnie de MM. Guichart et Jouin.

Le garçon Caby commençait à se remettre de ses blessures. On lui fit passer sous les yeux plusieurs photographies d'individus soupçonnés d'avoir participé à l'attentat. Caby les examina attentivement, les scruta, et, tout à coup, se dressa sur sa couche, le doigt tendu :

— C'est celui-là ! C'est celui-là !

Il retomba avec un soupir.

— Vous êtes certain ? demanda le magistrat.

— Oui, haleta Caby. Oui, je le reconnais. C'est celui qui a tiré sur moi. Je reconnais surtout son regard. Oh ! ses yeux, ses yeux, je les vois encore. C'est lui, j'en suis sûr. Il paraît plus jeune que cette photo, mais c'est bien lui qui m'a attaqué. *Je le reconnaîtrais entre cent.*

Tous les reporters, empressés autour du blessé recueillirent ses déclarations qui devaient, comme l'on pense, faire sensation. Le *Matin* s'empressa

Carouy.
Callemin
dit Raymond-la-Science.
Sémentof.
Garnier.

Victor Kibaltchiche.

de publier, en première page, sous ce titre : *Mon assassin !* en lettres grasses, les lignes que voici placées bien en évidence, raccrocheuses à souhait :

« C'est bien lui ! C'est bien lui ! dit, devant la photographie de GARNIER, CABY, le garçon de banque, dévalisé rue Ordener. »

Car l'assassin reconnu par la victime, l'homme dont les yeux paraissaient inoubliables au garçon de recettes et qu'il affirmait reconnaître entre cent c'était *Garnier*, l'anarchiste *Garnier* dont on avait prononcé le nom les jours précédents, *Garnier* et pas un autre que *Garnier* (que le lecteur veuille bien ne pas l'oublier ; il verra pourquoi par la suite).

Et le *Matin* expliquait :

« Il semble bien aujourd'hui que la justice se trouve sur une bonne piste. L'arrestation du chenapan qui s'est rendu coupable du sanglant attentat de la rue Ordener, n'est plus maintenant qu'une question d'heures. Nous avons pu d'ailleurs nous entretenir longuement avec M. Caby et recueillir de sa bouche pour nos lecteurs les moindres détails du drame où il faillit perdre la vie.

« A l'hospice Bichat où on le soigne, il est debout et se promène dans la salle. Un rayon de joie éclaire ses yeux. Il s'avance vers nous, d'un pas hésitant encore, il nous tend la main en souriant.

« M. Caby est aujourd'hui sauvé. On a pu ex-

traire une balle qui s'était logée dans la clavicule
gauche. Depuis trois jours ses forces reviennent.
Il peut enfin parler. Il va, tout au long, nous ra-
conter comment fut perpétrée la sauvage agression.

« Nous lui montrons d'abord la photographie
d'Octave Garnier. Et, tout de suite, il nous déclare :
« C'est bien lui ! C'est bien lui ! Je l'ai reconnu,
quand M. Guichart, le chef de la Sûreté, m'a
montré le portrait, JE N'AI PAS HÉSITÉ. J'ai désigné
le misérable ».

Ainsi, pour le *Matin*, pour ses confrères, pour
le public, pour la justice, pour la victime, l'agresseur était bien GARNIER.

GARNIER, ET PAS UN AUTRE QUE GARNIER.

Le Matin achevait ainsi son récit :

« M. Caby nous dit alors comment il a pu en d'inoubliables secondes *fixer dans sa mémoire les
traits de son assassin* (1).

« Il se jeta sur moi, la casquette sur les yeux —
des yeux mauvais dont je me rappellerai toujours
le regard — et avant de me saisir, la main tendue
il tira un premier coup de feu.

« Il fit feu, à deux ou trois pas, presque à bout
portant. Atteint à l'épaule, je tombai sur les
genoux. J'ai alors saisi quelque chose ; l'arbre qui
se tenait devant moi, ou bien encore les jambes

1. Nous soulignons volontairement ce passage de la déclaration de Caby qui, plus tard, prétendra reconnaître
Dieudonné.

34

de mon agresseur. Le bandit, de haut en bas, tira
un second coup de feu. Alors, il arracha violemment la lourde sacoche que je serrais dans mes
mains crispées.

« Le garçon de recettes ajoute :

— Enfin, je crois qu'on va maintenant l'arrêter.

« D'autre part, disait encore le *Matin,* notre cor-
respondant de Fontainebleau a pu recueillir quelques renseignements sur le principal auteur de
l'agression contre M. Caby.

« Octave-Albert Garnier est né à Fontainebleau,
le 2 décembre 1889. Son père était cantonnier de
la ville. Le jeune Octave aurait été élevé à la campagne chez une de ses parentes. »

.*.

En même temps qu'on montrait les photographies de Garnier à la victime qui n'hésitait pas
une minute à désigner l'assassin, et que le journal
le *Matin* recueillait les propos du garçon de
recettes, on soumettait les mêmes documents aux
témoins du drame.

C'est ainsi que M. Peemans, le collègue de Caby,
qui l'accompagnait le jour de l'attentat, reconnut
parfaitement le meurtrier. De même pour
M. Tabac, autre témoin, demeurant 56, rue du
Poteau. Ainsi, nulle erreur possible. C'était bien
de Garnier, du seul Garnier qu'il s'agissait.

Comment plus tard, les mêmes témoins : Caby,
Peemans, Tabac et quelques autres purent-ils

affirmer qu'ils reconnaissaient Dieudonné comme
l'agresseur ? Il y a là quelque chose d'inexplicable
mais que nous expliquerons parfaitement.

Notons encore que, quelques mois après l'attentat, le 20 mars 1912, la Sûreté, l'Instruction et
la Presse reçurent .une lettre qui fit sensation.
Nous la reproduisons telle que nous l'avons
retrouvée, dans un journal du temps, en respec-
tant scrupuleusement texte et orthographe :

Paris, le 19 mars 1912.
4 h. 25 de l'après-midi.

A. MM. Gilbert, Guichard et Cie,

*Depuis que, par votre entremise, la presse a mis
ma modeste personne en vedette, à la grande joie
de tous les concierges de la capitale, vous annoncez
ma capture comme imminente ; mais, croyez-le
bien, tout ce bruit ne m'empêche pas de goûter en
paix toutes les joies de l'existence.*

*Comme vous l'avez fort bien avoué, à différentes
reprises, ce n'est pas à votre sagacité que vous
avez pu me retrouvez, mais bien grâce à un mouchard qui s'était introduit parmi nous. Soyez per-
suader que moi et mes amis, nous saurons lui
donner la récompense qu'il mérite, ainsi d'ailleur
qu'à quelques témoins par trop loquaces.*

*Et votre prime de 10.000 fr. offerte à ma com-
pagne pour me vendre, quelle misère pour vous,
si prodigue des deniers de l'Etat ; décuplez la
somme, Messieurs, et je me livre, pieds et poings
liés, à votre mercie, avec armes et bagages.*

Vous l'avouerai-je ? Votre incapacité pour le noble métier que vous exercez est si évidente qu'il me prit l'envie, il y a quelques jours, de me présenter dans vos bureaux pour vous donnez quelques renseignements complémentaires et redressez quelques erreurs, voulues ou non.

Je vous déclare que Dieudonné est innocent du crime que vous savez bien que j'ai commis. Je déments les allégations de Rodriguez. Moi seul suis coupable.

Et ne croyez pas que je fuis vos agents ; je crois même, ma parole, que ce sont eux qui ont peur.

Je sais que cela aura une fin, dans la lutte qui c'est engagée entre le formidable arsenal dont dispose la Société et moi. Je sais que je serai vaincu, je suis le plus faible. Mais j'espère bien faire payer cher votre victoire.

En attendant le plaisir de vous rencontrer.

Cette extraordinaire missive dont, aux premières lignes, on reconnut la source, était signée d'un nom fulgurant : GARNIER. Et pas le moindre doute au sujet de son authenticité. Car l'anarchiste avait fait suivre sa signature du fac-similé de la fiche portant ses empreintes digitales de la main droite, et avait, de même, posé ses empreintes sur le papier, en priant les gens compétents de vérifier.

M. Bertillon se livra aux comparaisons nécessaires. Il analysa les empreintes des lettres adressées à MM. Gilbert, Boucard, Guichard, et

celles de la fiche anthropométrique, concernant
Garnier, qu'il trouva au service de l'identité judiciaire. C'étaient bien les mêmes. Les empreintes
étaient celles d'Octave Garnier.

Enfin, l'écriture de ces lettres fut comparée
avec celle d'autres papiers émanant de l'anarchiste. Et là encore, il fallut se rendre à l'évidence. Les lettres étaient bien d'Octave Garnier.

⁂

Cependant, les recherches policières se poursuivaient.

Un filet de plus en plus serré était tendu autour
des anarchistes et un bataillon d'agents en bourgeois rôdait, nuit et jour, autour du local du journal : *L'Anarchie.*

On visitait les hôtels meublés du voisinage ; on
se maquillait en garçon de café, en marchand de
journaux, en colporteur. Rien n'était épargné. La
surveillance se faisait rigoureuse.

Un beau jour, la police prit une grande déci-
sion. C'était exactement le 31 janvier, deux mois
avant que Garnier eût expédié ses fameuses
lettres. Soixante policiers, armés des pieds à la
tête, firent irruption, rue Fessart, dans l'appartement qu'occupait le journal *L'Anarchie.* Le siège
de cette citadelle fut aisé. La clef, en effet, était
sur la porte, et, dans la première pièce qui servait
de salle à manger, la police tomba sur quelques
« camarades » qui, paisiblement, dégustaient leur
chocolat.

La maison fut bouleversée de fond en comble.

On chercha dans tous les coins, on remua tous les meubles. Cela, depuis six heures du matin jusqu'à midi. Beautés des perquisitions ! Mais nulle trace des bandits. Furieux, les policiers, plutôt que de rentrer bredouilles, emmenèrent tous ceux qui se trouvaient là.

Le lendemain, onze des personnes arrêtées étaient relâchées. On ne conserva que Mme Rirette Maîtrejean, une petite femme souriante et espiègle, Claudine anarchiste, et son ami Kibaltchiche, dit le Rétif, le même qui, plus tard, devait jouer un rôle important dans la Russie soviétique, à laquelle il se rallia. Seulement, à ce moment-là, la police se demandait encore de quoi elle pourrait bien les accuser.

Cette arrestation qu'on fit mousser dans les journaux n'arrangea pas beaucoup les choses. Les bandits, les fameux bandits couraient toujours.

En même temps, les attentats se succédaient : cambriolages chez les commerçants, dans les bureaux de poste, dans les usines, dans les armureries parisiennes. Plus, des crimes à Gand, des vols d'automobiles à Béziers, à Saint-Mandé, etc... Pas le plus petit larcin, pas le plus vulgaire cambriolage qu'on ne mît sur le compte de la bande redoutable et insaisissable.

Ceux qui ont vécu cette période se souviennent parfaitement que le ridicule montait autour de la police et que l'on commençait à chansonner le chef de la Sûreté.

IV

LE DRAME DE LA RUE DU HAVRE

Tout à coup, un événement brutal, déconcertant, inouï, se produisit, qui vint mettre à son comble le désarroi et l'affolement de la population parisienne.

En plein jour, vers les sept heures du soir, à un moment où la circulation atteint le maximum de densité dans le quartier de la gare Saint-Lazare, une belle voiture automobile descendait la rue d'Amsterdam à une allure extrêmement rapide. Parvenue près de la gare elle manqua heurter un autobus. Quelques mètres plus loin, elle renversa une femme.

Au carrefour des rues d'Amsterdam, Saint-Lazare et du Havre se trouvent, comme on sait, plusieurs refuges. Le règlement concernant la circulation met les voitures dans l'obligation de faire un détour. Sans le moindre souci du danger, ni des prescriptions policières, la mystérieuse auto s'engagea tout droit.

40

Un agent, du nom de Garnier, qui veillait en cet endroit, donna aussitôt un coup de sifflet, pour prévenir le conducteur de s'arrêter. Peine perdue. Ce dernier n'en continua pas moins sa route. Il allait même échapper à l'agent lorsque, l'autobus Montmartre-Saint-Germain-des-Prés, qui venait en sens inverse, le bloqua contre le refuge de la rue du Havre et l'obligea à freiner brusquement, calant net le moteur.

Alors, l'agent Garnier s'avança et se mit en demeure de houspiller le singulier conducteur.

Le chauffeur ne répliqua point.

Ses compagnons, dont l'un se tenait à ses côtés, l'autre en arrière, demeuraient silencieux. L'agent s'imagina avoir à faire à des étrangers. Il prit son calepin et leur déclara qu'il allait dresser procès-verbal, tout en leur enjoignant de ranger le véhicule le long du trottoir.

Le chauffeur, sans un mot, descendit de son siège. Il tourna la manivelle et remonta sur la voiture qui s'avança tout doucement, d'abord, puis augmenta subitement de vitesse. L'agent Garnier comprit qu'on allait lui brûler la politesse. Il bondit sur le marchepied.

Et ce fut le drame.

Trois lueurs, soudain, jaillirent de la voiture. Trois détonations retentirent, sèchement. L'agent lâcha la voiture, battit des bras, roula sur la chaussée.

Par un extraordinaire hasard, la rue du Havre se trouvait libre. La voiture se précipita. Elle traversa le boulevard Haussmann, et partit à une allure vertigineuse, dans la direction de la Madeleine. De là, elle se jeta vers la place de la Concorde. On essaya vainement de l'arrêter. On la poursuivit sans succès. Il y eut un soldat cycliste, nommé Schrechet, qui la suivit jusqu'à la Concorde, et là, s'immobilisa, épuisé. Les agents Lucy et Hénoff réquisitionnèrent une auto de course qui se tenait devant un café. Mais, à peine en marche, elle renversa une jeune femme, lui fractura une côte. Elle dut interrompre sa poursuite. Pendant ce temps, l'auto mystérieuse et les bandits s'étaient évanouis au loin.

L'agent Garnier, atteint de trois balles, avait le poumon gauche et le cœur perforés. Il ne tarda pas à succomber.

Le lendemain, on apprit que l'auto du crime appartenait en réalité à un M. Buisson, négociant à Saint-Mandé.

On avait fracturé la porte de son garage pour le cambrioler. Puis, de Saint-Mandé, après une randonnée vers Montereau et Villeneuve-le-Guyard, la voiture s'était arrêtée à Pont-sur-Yonne, l'essieu d'avant faussé à la suite d'un choc. Les automobilistes, s'adressant à M. Dorneau, mécanicien, l'avaient prié de faire la réparation indispensable. Après ça, on les retrouve à Villeneuve-sur-Yonne. Enfin, ils regagnèrent Paris en repassant par Montereau.

A Pont-sur-Yonne, comme à Montereau, des curieux avaient eu le temps de les examiner.

Aussi, l'enquête put-elle établir rapidement, qu'il s'agissait, cette fois encore, des bandits de la rue Ordener, agresseurs du garçon de recettes Caby.

Les noms de Garnier, de Bonnot, de Callemin furent sur toutes les feuilles.

Bonnot, disait-on, était au volant quand Garnier, assis à ses côtés, tira les trois coups de revolver. Callemin se trouvait derrière dans la voiture.

Garnier, d'ailleurs, écrivit quelque temps après au juge d'instruction, que c'était bien lui qui avait tiré, et sa maîtresse Marie Vouillemin, témoigna, plus tard, qu'elle avait reçu de lui le même aveu. Elle ajouta qu'elle avait appris, de sa bouche, le nom de ses deux complices.

On ne pouvait donc s'y tromper. C'était toujours la même bande qui opérait.

Garnier, Bonnot, Callemin ! Pour l'instant, on ne connaissait guère que ceux-là. Mais combien de complices ? Et, après avoir miraculeusement échappé à la chasse, en plein Paris, qu'allaient de nouveau tenter ces incroyables malfaiteurs, doués d'une audace peu commune, et qui semblaient avoir déclaré à la Société une guerre à mort.

Ce qu'ils devaient tenter. On allait le savoir bientôt.

.*.

Le 29 février, c'est-à-dire la nuit qui suivit le drame de la rue du Havre, les bandits tragiques entrèrent dans Pontoise.

Il était à peu près trois heures du matin. Le ciel était gris, et un léger brouillard enveloppait les choses. L'auto stoppa place de l'Hôtel-de-Ville, devant l'étude de M° Tintant, notaire.

Alors trois hommes descendirent de la voiture et tentèrent, avec une fausse clé, d'ouvrir la porte d'entrée de l'étude. Ne pouvant y parvenir, ils firent le tour par la rue Lemercier, escaladèrent un mur, se jetèrent dans une petite cour où, à l'aide d'une pince, ils se mirent en devoir de forcer la porte de derrière l'étude.

Déjà, après avoir pénétré dans la maison, ils avaient déplacé le coffre-fort, lorsqu'une intervention inattendue se produisit qui les dérangea fort désagréablement. Un voisin, M. Coquerel, garçon boulanger, qui passait sous les fenêtres de l'étude s'entendit interpeller. C'était le notaire, M° Tintant qui, alarmé par le bruit, s'était armé d'un revolver et ouvrait sa fenêtre, cherchant du secours. Ce dernier poussa la porte qui céda.

Aussitôt, deux coups de revolver retentirent de l'intérieur. Epouvanté, Coquerel s'aplatit contre le mur et il vit s'enfuir trois individus dont l'un se posta sur la place, en face de l'étude. Les deux autres regagnèrent l'automobile.

Il y eut alors une rapide fusillade. Les trois hommes tirèrent sur Coquerel et le notaire, qui riposta de sa fenêtre. Une balle effleura l'oreille de ce dernier et brisa l'armoire, derrière lui, dans la chambre. Enfin, l'homme qui se tenait, mena-

44

çant, sur la place, ayant rejoint ses compagnons, la voiture démarra.

Le coup était raté.

La voiture fut retrouvée le matin, vers les huit heures, à Saint-Ouen.

On constata que les bandits avaient essayé de la brûler. On la reconnut, néanmoins. C'était bien celle qui avait été volée à M. Buisson à Saint-Mandé, celle qui avait été vue à Montereau, à Pont-sur-Yonne ; celle enfin qui avait occasionné la mort de l'agent Garnier, rue du Havre.

Encore et toujours les bandits tragiques !

V

LE DRAME DE CHANTILLY

Ce dernier incident, malgré qu'il n'y eût point mort d'homme, vint augmenter, si possible, l'émotion et la folle terreur qui régnaient dans Paris.

La police était sur les dents. Cette auto-fantôme signalée un peu partout, et la témérité sans exemple des bandits était le sujet de toutes le conversations. Puis, coup sur coup, on annonça des arrestations. D'abord, un individu du nom de De Boué, typographe, rédacteur à l'*Anarchie*, déjà condamné à Marseille et appréhendé au moment où il venait rendre visite à un deuxième individu nommé Dieudonné.

Ce Dieudonné, disait-on, était recherché par la police depuis une quinzaine de jours ; on était certain qu'il avait participé à l'attentat de la rue Ordener. On arrêtait, en même temps que lui, sa compagne, Louise Kaiser, connue dans les

milieux anarchistes sous le nom de la « Vénus
Rouge ».

Une autre femme, ajoutait-on, la femme B....
était également arrêtée. On ignorait le rôle exact
de ces femmes.

Comme on le voit, le pittoresque ne manquait
pas et se mêlait au tragique. L'affaire des bandits
en auto devenait une superbe affaire. Tout n'était
pas dit, cependant. L'auto retrouvée, arrosée de
pétrole et flambant, rue des Rosiers, à Saint-
Ouen, ne donnait pas les traces des bandits.
Qu'étaient-ils devenus ? Quels crimes préparaient-
ils ?

Entre temps, on interrogeait les comparses
arrêtés. Le juge d'instruction Gilbert faisait appeler le garçon de recettes Caby, et organisait une
savante mise en scène. Des agents endossaient des
costumes semblables à ceux qu'on avait cru voir
sur le dos des agresseurs de la rue Ordener. Au
milieu se trouvait Dieudonné. Scène renouvelée de
l'entrevue de Jeanne d'Arc et de Charles VII, dissimulé parmi les grands seigneurs de son entou-
rage. Le juge s'adressa au garçon de recettes.

— Caby, lui dit-il, reconnaissez-vous, parmi
ces hommes, celui qui a tiré sur vous, rue Ordener ?

Un instant surpris et hésitant, Caby s'avança.
Il dévisagea les hommes qui se plaçaient devant
lui.

Puis, soudain, le doigt tendu, la voix trem-
blante :

— Le voici, c'est celui-là.

Il désignait Dieudonné, le jeune anarchiste, ami de la Vierge Rouge, qu'on venait d'arrêter récemment.

Mais Dieudonné, sans s'émouvoir, haussa les épaules.

— Allons, allons. Tout çà c'est du roman. A l'heure de l'attentat, je me trouvais à Nancy, où je travaillais. Je ne pouvais donc pas être rue Ordener.

— Bon, interrompit le juge. Nous verrons par la suite. Nous vérifierons.

Singulière instruction, et non moins singulière attitude du malheureux Caby, qui, après avoir formellement reconnu Garnier, reconnaissait maintenant, tout aussi formellement, Dieudonné.

Peu après, on arrêtait deux autres complices, Belloni et Rodriguez. On les inculpa de vente des titres de Caby à Amsterdam. Rodriguez informa le juge que Garnier et Bonnot étaient armés de deux brownings, chacun, avec plusieurs chargeurs, qu'ils se défendraient jusqu'au bout, et que leur capture serait difficile.

C'est alors que Garnier écrivit la lettre que nous avons reproduite plus haut, et qu'il avait agrémentée de l'empreinte de son pouce. Lettre, ne l'oublions pas, qui déchargeait complètement Dieudonné et dans laquelle le « bandit tragique » prenait l'entière responsabilité du crime commis rue Ordener.

La route de Montgeron, à l'endroit où fut arrêté l'auto qui servit à l'attentat de Chantilly.

Après le drame d'Ivry,
Le chemin par lequel s'enfuit Bonnot.

Le siège de Choisy-le-Roi, où fut tué Bonnot.

La maison de Nogent où furent tués Garnier et Valet.

Pendant que la justice tâtonnait, que l'esprit troublé de l'infortuné Caby ne reconnaissait plus son véritable assassin, que mille indiscrétions couraient les journaux, qu'on annonçait la démission de M. Jouin, sous-chef de la Sûreté, en désaccord complet avec son chef, M. Guichard ; pendant, enfin, qu'on arrêtait, perquisitionnait au petit bonheur, et qu'on courait sus à l'anarchiste, les vrais coupables, les auteurs des attentats successifs qui semaient l'épouvante, demeuraient libres et l'on s'attendait, de jour en jour, à de nouveaux forfaits.

Cela ne tarda guère.

Les bandits tragiques étaient d'ailleurs furieux d'avoir manqué l'affaire du notaire de Pontoise et acculés à un autre coup. Sans doute, leur existence de bêtes traquées commençait-elle à leur peser. Peut-être aussi la misère les guettait-elle. Il semble, en tous cas, que dans la préparation de l'attentat de Chantilly, ils aient apporté plus de soins et de méthode.

Ils commencèrent, d'abord, par s'adjoindre trois compagnons supplémentaires, auxquels ils expliquèrent les nécessités et les avantages de l'expédition projetée. Ainsi la bande se trouva-t-elle formidablement renforcée.

Le 25 mars, vers les huit heures du matin, par un temps léger et très clair, une automobile appartenant à M. de Rougé, conduite par le chauffeur

4

Mathillé, se dirigeait sur la route de Paris à Nice où l'attendait le propriétaire. A côté du chauffeur, était assis un employé, M. Cerisols, qui achevait, à Paris, son apprentissage de chauffeur. La voiture venait d'entrer dans la forêt de Sénart, après avoir dépassé Montgeron. Soudainement, trois individus, plantés sur la route, s'avancèrent vers la voiture, l'un d'eux faisant signe avec son mouchoir, d'arrêter. Le chauffeur, un peu surpris. ralentit sa marche.

Aussitôt les trois hommes bondirent sur l'auto. Ils tirèrent des coups de revolver sur Mathillé, qui tomba, mortellement blessé, atteint de deux balles dont l'une avait traversé le poumon gauche, et l'autre le sein droit. Cerisols avait reçu, lui, trois blessures qui, fort heureusement, ne touchèrent que les mains. Trois autres individus attendaient le passage de l'auto. Plusieurs témoins certifièrent, par la suite, qu'ils stationnaient près d'une cabane de cantonnier et paraissaient se livrer à des travaux d'arpentage. En réalité, ils guettaient l'arrivée d'une voiture qui devait leur servir pour l'affaire combinée.

Les six hommes, regroupés, firent faire demi-tour à la voiture. Quatre d'entre eux montèrent à l'intérieur. Les deux autres s'installèrent sur le siège. Et l'auto partit dans la direction de Villeneuve Saint-Georges.

Vers les dix heures du matin, elle stoppa à Chantilly, sur la place de l'hospice de Condé, devant les bureaux de l'agence de la Société Générale.

Quatre des voyageurs sautèrent à terre. Puis, sans perdre une seconde, ils bondirent dans les bureaux, revolver au poing. Cela dura à peine trente secondes. Les trois employés présents furent criblés de balles. Ils s'appelaient Guilbert Roger, aide-comptable, âgé de seize ans ; Raymond Legendre, dix-sept ans ; Joseph Trinquet, comptable, trente-cinq ans.

Le caissier, Trinquet, atteint d'une balle à l'épaule droite, tomba évanoui.

Raymond Legendre fut tué net, d'une balle au cœur.

Guilbert, blessé à l'épaule, s'écroula à terre. Puis, il put se lever et se cacher derrière son bureau.

Il y eut un quatrième employé, M. Combe, qui, entrant dans le bureau en pleine tragédie, par la porte du fond, s'empressa de prendre la fuite. Dans la rue, l'un des agresseurs tira sur lui. Il eut la chance de ne pas être atteint.

Au dehors, cependant, les coups de feu avaient attiré la foule. Alors, un des hommes qui étaient demeurés au volant, s'empara d'une carabine et se mit en devoir de faire feu sur les curieux qui reculèrent.

A l'intérieur, le drame s'était déroulé rapide. L'un des agresseurs se précipita sur la caisse qu'il déroba prestement ; puis, il vida le coffre-fort. Après quoi, les quatre hommes regagnèrent la voiture sous la protection de celui de leurs complices qui jouait de la carabine et qui sauta sur le marchepied alors que l'auto était déjà en marche.

Tels étaient les premiers « tuyaux ».

A la vérité, les bandits expliquèrent, plus tard, qu'ils n'avaient pas l'intention absolument arrêtée de tuer. Ils commencèrent par crier : « Haut les mains ! » et ce n'est que devant l'attitude de menace et de résistance des employés qu'ils tirèrent.

On raconta ensuite que l'homme à la carabine, sautant sur la voiture en marche avait manqué tomber en arrière et que l'un des hommes de l'intérieur tendit le bras pour le repêcher.

En s'accrochant, pour éviter de choir dans la rue, le bandit pressa machinalement la gachette de son revolver qu'il tenait de la main gauche. La balle partit, effleura la main, brisa la glace de la voiture et alla se loger dans le plafond.

Tout d'abord, on affirma que l'homme à la carabine n'était autre que Garnier. On voyait Garnier partout. Mais l'on sut, peu après, qu'il s'agissait d'un nouveau complice, un pauvre diable, malade, épuisé, rongé de phtisie, du nom de Soudy. On raconta également qu'à peine repoussé dans la voiture par ses amis, il s'était évanoui.

Ainsi se termina ce drame rapide et bouleversant. La voiture, à une allure folle, s'était engagée dans l'avenue de la Gare. Elle tourna sur la route de la Morlaye et disparut.

On la retrouvait, le même jour, vers les onze

heures et demie, à Asnières, avenue de Paris, à quelques mètres de la gare. Ce furent trois agents cyclistes qui la découvrirent.

..

Les détails affluèrent les jours suivants, sur le crime de Chantilly. On apprit que le produit du vol avait atteint la somme de quarante-sept mille cinq cent cinquante-cinq francs en billets de banque, ce qui, partagé entre les six complices, était loin de donner la fortune à chacun d'eux. Les titres demeuraient intacts. Sans doute, les anarchistes reconnaissaient-ils que trop de difficultés se dressaient qui leur interdisaient de les négocier.

VI

PREMIÈRES ARRESTATIONS

Dans la voiture abandonnée à Asnières, on recueillit divers objets, des papiers et des clés appartenant à la Société Générale de Chantilly, quinze cartouches de browning. Puis, plus loin, sur les quais de Courbevoie, on ramassa le pardessus de Cerisols dans lequel était enveloppée une carabine Winchester.

Tout cela ne constituait qu'une pâture bien insignifiante pour la curiosité publique. On voulut savoir autre chose. Mais, surtout, on avait peur, terriblement peur. Aux terrasses des cafés, dans les rues, au sein des familles, dans les ateliers, partout, on ne s'entretenait que des bandits tragiques. Chose curieuse et qui vaut d'être notée, l'impression générale était, certes, d'épouvante, mais non point d'horreur. Instinctivement, la population sentait que ces effroyables corsaires, dressés contre toute la Société, jetant un défi à la police et à la Magistrature, sortaient de la catégorie classique des bandits crapuleux et quotidiens.

L'émotion immense qui régnait, non seulement dans la capitale mais dans tout le pays, eut sa répercussion inévitable à la Chambre des députés. Un député, qui représentait alors l'arrondissement de Montgeron, M. Franklin-Bouillon, menaça le gouvernement d'une interpellation et lui demanda quelles mesures il comptait prendre pour assurer la sécurité de Paris et de la banlieue. Il risqua une allusion à la rivalité qui mettait aux prises le directeur de la Sûreté Générale, M. Guichard et le sous-directeur, Jouin, rivalité qui, disait-il, paralysait étrangement les recherches. Voici, d'ailleurs, comment il s'exprima à ce propos :

« Des dissensions intestines règnent à la préfecture de police. Le chef et le sous-chef de la Sûreté sont en désaccord. Cet état d'anarchie ne peut pas durer. Je demande l'assurance que l'ordre sera rétabli dès demain à la préfecture de police. »

Le ministre de l'Intérieur était alors M. Steeg. Il s'engagea à soumettre des « propositions utiles » au conseil des ministres pour assurer une prompte répression et pour rendre « plus souple, plus efficace l'organisation actuelle ». Là-dessus, il réclamait le vote de crédits.

Mais, pendant que l'on discutait ainsi, et que la presse se répandait en tuyaux alarmants, les bandits disparaissaient. Sans doute, s'étaient-ils dis-

persés. Le public, lui, toujours apeuré, croyait
les voir en tous lieux.

Le même jour, on signala Garnier à Rouen et à
Dunkerque, et Bonnot à Corbeil. Puis, il y eut
une nouvelle fournée d'arrestations. Quelques
malheureux furent lynchés par la foule qui
croyait chaque fois tenir un coupable, alors que
la police, par une malchance inexplicable, ne courait que sur de fausses pistes. Ce qu'il y eut, à
cette époque, de dénonciations, d'offres de ser-
vices, de témoignages abracadabrants, est inima-
ginable. On voyait, sur toutes les routes, des
autos suspectes. M. Guichard, débordé, recevait
jusqu'à sept cents lettres par jour. Une dame lui
conseillait de faire dire des prières. Une somnam-
bule s'engageait à tout divulguer, moyennant,
comme de juste, une honnête rétribution. Puis,
un esprit inventif proposa de distribuer des
bombes à tous les employés de banque pour leur
permettre de se défendre. Un autre préférait uti-
liser les aéroplanes dans la chasse aux bandits.
Un autre encore, très sérieusement, proposa
qu'on leur donnât la forte somme pour leur permettre d'aller vivre à l'étranger. Comme on voit,
l'humour pouvait y trouver son compte. Mais la
publicité aussi profita de l'aventure exception-
nelle. Des commerçants en profitèrent pour recom-
mander leurs marques d'autos, leurs armes perfec-
tionnées, leurs coffres-forts inexpugnables, etc...

Mais les recherches ?... Elles allaient paisiblement, à la façon des tortues.

Elles étaient, du reste, menées séparément par les divers parquets. A la suite d'une conférence qui se tint dans le cabinet de M. Lescouvé, procureur de la République, entre les chefs du Parquet et de la police, on établit les liens qui existaient entre les différents crimes commis tant à Paris qu'en province ou à l'étranger, et l'on conclut à une vaste association de malfaiteurs. M. Gilbert, juge d'instruction, fut chargé d'une nouvelle information concernant ladite association. Au terme du réquisitoire, seize inculpés se virent aussitôt prévenus : 1° d'être auteurs ou complices de crimes et attentats commis sur le territoire français ; 2° de s'être affiliés à une bande organisée en vue de commettre ces crimes et attentats ; 3° d'avoir fourni des moyens pour les accomplir ou d'avoir organisé des réunions en vue de leur exécution.

Les inculpés étaient les suivants :

Mme Rirette Maitrejean, Kibaltchiche, Bonnot, Garnier, Carouy, Valet, Dieudonné, de Boué, Detwiller, Rodriguez, Bélonie, R... et Metge.

On était loin du compte.

La thèse adoptée par l'accusation consistait en ceci : le journal *L'Anarchie*, soit dans ses bureaux de la rue Fessart, à Paris, soit dans le pavillon et les jardins qu'il occupait rue de Bagnolet, à Romainville, avait servi véritablement de siège à une association de malfaiteurs. C'était là qu'on se réunissait pour préparer les coups à faire, qu'on rapportait le butin conquis, qu'on le distribuait entre les affiliés.

Cette affirmation apparut quelque peu saugrenue. L'accusation savait parfaitement qu'au moment de son accusation, Mme Rirette Maîtrejean ne possédait pour toute fortune que quelques francs et que Kibaltchiche, son ami, n'avait pas le sou. D'autre part, la caisse du journal *L'Anarchie* était vide. Le fameux *butin* se réduisait à peu de chose : un livret de Caisse d'Epargne et deux revolvers.

Malgré tout, l'accusation fut maintenue. Il fallait frapper l'imagination, laisser croire au public qu'on était sur le chemin de la vérité. Cette singulière méthode devait coûter bien des souffrances à la plupart des inculpés dont le plus grand nombre demeurait, cependant, étranger aux agissements des vrais « bandits tragiques ».

VII

LA MORT DE JOUIN

Fort heureusement pour la police, que l'opinion
commençait déjà à taxer de faiblesse et d'incapacité, se produisirent de retentissants coups de
théâtre.

Trois des plus redoutables bandits furent
arrêtés.

Ce fut d'abord celui que l'on désigait déjà sous
l'appellation : « L'homme à la carabine », Henry
Soudy, qu'on saisit à Berck-sur-Mer. Il était signalé comme ayant participé aux attentats de la
rue Ordener. On le soupçonnait, de plus, d'être
l'auteur du cambriolage exécuté à l'*Egalitaire*,
société coopérative, rue de Sambre-et-Meuse. On
le disait sans domicile fixe et atteint d'une cruelle
maladie. Enfin, on assurait qu'après le coup de
Chantilly il s'était réfugié à Berck, chez un
nommé Brinle, cheminot révoqué de la Compagnie
du Nord. Le 30 mars, au matin, MM. Jouin, sous-

chef de la Sûreté et Escandre, débarquèrent dans cette ville. Il était à peu près midi. Ils allèrent se poster autour de la maison habitée par Soudy.

A midi et demie, Soudy apparut. Les policiers se précipitèrent sur lui. Il fut ligoté et fouillé. On découvrit dans ses poches, un browning chargé de huit balles et une somme de neuf cent quatre-vingts francs, en or et en billets.

Cette capture s'accomplit le plus rapidement du monde. Le lendemain, Soudy arrivait à Paris.

La deuxième arrestation fut celle de Carouy, l'homme qui vendait de faux bijoux sur les marchés et qui habitait, on s'en souvient, chez Det-willer. On le suivit, vers les quatre heures de l'après-midi, à la gare de Lozère, au moment où il prenait un billet.

Ce fut encore Jouin qui l'arrêta. Il le pistait, d'ailleurs, depuis le matin, dans la banlieue, du côté de Choisy-le-Roi. Mais cette opération fut plus difficile que pour Soudy. On savait Carouy doué d'une force peu ordinaire et capable de résis-tance. Le sous-brigadier Rohr s'approcha de lui et, d'un violent coup de poing sur la nuque le jeta à terre. Les autres lui saisirent les bras. En un clin d'œil, Carouy, ahuri, ne sachant ce qui lui arrivait, fut ligoté.

Fouillé, on lui enleva une somme de cent cin-quante francs et deux revolvers.

Cependant, l'homme dévisageait les policiers, l'air amusé. Il leur dit :

— Belle capture, hein ! le fameux bandit Carouy.

Quel potin, demain, dans les canards !... Et pour vous, donc, des médailles, de l'avancement.

Il paraissait prendre très bien son parti de l'aventure.

Mais, parvenu à la Sûreté, on le vit, soudain, faire un geste rapide.

Il venait d'avaler le contenu d'un petit paquet dissimulé dans la ceinture de son pantalon.

Il s'écriait :

— Ça y est ! Quelques minutes et bonsoir la compagnie.

Le malheureux s'imaginait avoir absorbé du cyanure de potassium. Ce n'était que du ferro-cyanure.

Il en fut quitte pour quelques coliques.

Interrogé, Carouy nia toute participation aux attentats de la rue Ordener, de la rue du Havre, de Montgeron, de Chantilly. Mais on l'accusait d'autres crimes dont des cambriolages à Maisons Alfort et au bureau de poste de Romainville. Là-dessus, M. Bertillon signala la similitude de ses empreintes digitales avec celles relevées à Thiais, dans la maison de M. Moreau et Mme Arfeux, tous deux assassinés.

On conduisit Carouy à la Santé. On s'aperçut alors qu'il avait tenté de se couper l'artère temporale avec une paire de petits ciseaux.

La capture de Callemin, dit Raymond-la-Science eut lieu quelques jours après, le dimanche 7 avril.

Callemin se cachait chez des amis, dans une

maison située 8, rue de la Tour-d'Auvergne, un
petit logement sordide, habité par un anarchiste
du nom de Pierre Jourdan, et sa maîtresse,
Hutteaux. Il couchait au pied du lit, sur un matelas. Comme il descendait vers sept heures du
matin, M. Guichard, posté dans le couloir avec
des agents, se jeta sur lui. Callemin essaya de
prendre son revolver dans sa poche. Il n'eut pas
le temps. En quelques secondes il était ficelé.

On trouva sur lui trois brownings avec huit
cartouches pour chaque. Puis, plus tard, à la
Sûreté, en achevant de le fouiller, on découvrit
une somme de 5.000 francs dont quatre billets de
mille.

Callemin refusa net de répondre aux questions
qu'on lui posa.

Avec ces trois arrestations accomplies à peu de
jours de distance, les journaux eurent pas mal de
pain sur la planche, et le public commença à se
rassurer. La police rayonnait. Après ceux-là, les
autres suivraient. Et ces trois-là, ce n'était plus le
menu fretin. Soudy, Callemin, Carouy, les auteurs
présumés des crimes de la rue Ordener, de Thiais,
de Chantilly.

Mais ce succès allait être suivi d'une série de
revers et de tâtonnements.

En somme, les véritables chefs, les bandits
qu'on redoutait le plus, Bonnot, Garnier demeu-

raient libres. On ne savait rien d'eux, ni où les prendre. On soupçonnait également un troisième anarchiste, Valet, dont le nom était prononcé depuis peu. Cette formidable trinité. aidée par des complices inconnus. pouvait encore réaliser de sanglants exploits.

Et les jours coulaient, les semaines filaient. Rien, toujours rien. Pas le moindre indice.

Garnier, Bonnot, Valet, semblaient défier les recherches, se rire de la police, bafouer l'opinion. de nouveau angoissée.

.·.

On touchait à la fin du mois d'avril.

Le public réclamait avec impatience de nouveaux détails, de nouvelles arrestations. Rien de particulier ne venait rompre la monotonie de cette attente où planait beaucoup d'anxiété, rien, sinon la course folle d'une auto mystérieuse pendant la nuit du 13 au 14 avril, à travers les grands boulevards, la rue Royale, la place de la Concorde.... On signala un incident assez pittoresque. Rue Cavé, des grévistes qui sortaient d'une réunion de la Maison Commune furent chargés par la voiture qui passait à toute allure. On entendit des détonations. Mais rien ne prouvait que cette affaire eût quelque rapport avec les bandits et la Sûreté générale, elle-même, n'y attacha aucune importance.

Le public continuait à se morfondre.

Mais un violent coup de théâtre ne devait pas tarder à se produire et à faire rebondir l'intérêt.

La Sûreté venait d'être avisée qu'à Ivry, un individu nommé Gauzy, exerçant la profession de soldeur, était suspecté de rapports avec les bandits. En même temps, on déclarait avoir retrouvé les traces d'un certain Simentoff et Bonnot. Le sous-chef de la Sûreté, Jouin, se rendit à Belleville et après une vive résistance, il put s'emparer du premier.

Restait Bonnot.

En compagnie de ses agents, Colmar, Robert, Hougaud et Sevestre, Jouin alla perquisitionner à Alfortville chez un nommé Cardy, soupçonné de détenir les titres volés à Thiais. Il apprit que Cardy se trouvait chez un de ses amis d'Ivry, le soldeur Gauzy déjà suspecté.

Gauzy logeait dans une maison de deux étages portant une enseigne en lettres blanches : « Hall populaire d'Ivry ». Il tenait un magasin de confections. Les agents découvrirent le soldeur en compagnie de son ami Cardy dans l'arrière-boutique. Les inspecteurs Sevestre et Hougaud s'emparèrent de Cardy, les autres demandèrent à Gauzy de les conduire au premier étage. Gauzy expliqua qu'il y avait plusieurs chambres à cet étage, et, que personne n'y habitait. Jouin l'engagea, brutalement, à passer devant.

Tous montèrent par un petit escalier étroit. En haut, Gauzy ouvrit une porte de l'appartement fermé à double tour et s'effaça pour laisser péné-

trer le sous-chef et ses inspecteurs, Jouin traversa l'antichambre, puis une chambre à deux
lits et, enfin, aboutit à une petite chambre plongée
dans l'obscurité. C'est alors qu'ils distinguèrent
un individu ramassé sur lui-même comme pour
bondir et qui portait la main à la poche droite de
son veston.

Ils se jetèrent sur lui. Jouin en tête et Colmar
le suivant. Les trois hommes roulèrent sur le
parquet.

Il y eut une lutte sourde et rapide.

L'homme réussit à dégager son bras armé d'un
revolver. A ce moment Jouin cria :

— Attention.... prends-lui les bras... il a un
revolver.

Mais l'homme venait de tirer sur le sous-chef de
la Sûreté qui s'affala tué raide. Puis il déchargea
son arme. sur Colmar qui, blessé grièvement,
s'affaissa avec un gémissement.

Après quoi, l'homme se tint immobile ne donnant plus signe de vie.

Sans doute, le troisième inspecteur, Robert, le
crut-il mort, car il courut crier au secours. Il prit
Colmar par le bras, l'aida à descendre l'escalier.
Alors l'homme se voyant seul, se redressa, donna
un coup d'œil autour de lui, puis par le logement
d'une dame Weynem femme d'un ouvrier maçon,
il tenta de s'enfuir. Cette brave femme a raconté,
par la suite comment elle se trouva brusquement
en présence de l'assassin. Elle était en train de
préparer paisiblement sa soupe, lorsque, enten-

dant du bruit chez son voisin, elle ouvrit la porte.

Elle eut tout juste le temps de voir deux hommes qui descendaient péniblement l'escalier. Une ombre venait de se dresser, menaçante, devant elle. C'était un homme, plutôt petit, qui paraissait nerveux ; il avait du sang sur le bras droit. Il s'approcha de la femme et lui cria :

— Laisse-moi passer ou je te brûle.

Terrorisée, la femme Weynem se jeta de côté. Le bandit se précipita dans la salle à manger, puis de là, dans la chambre à coucher. La femme le suivit. Elle le vit qui examinait les lieux rapidement, et semblait mesurer la hauteur de la fenêtre qui donnait dans une cour voisine. A ce moment, il se tourna vers elle, le visage dur :

— Passe-moi des draps de lit.

La femme se mit à trembler.

— Je n'en ai pas...

Il haussa les épaules et, sans hésitation, enjamba la barre de la fenêtre et se laissa glisser. La pauvre femme le vit dans le jardin qui s'enfuyait. Il disparut. Il avait réussi, en effet, à gagner le sentier dit des Bassettes qui mène à la rue des Grands-Corps d'une part, et aux terrains vagues des fortifications d'autre part.

Cet homme à l'audace déconcertante, qui venait ainsi d'échapper, revolver au poing, aux trois policiers, ce ne pouvait être que Bonnot, le légendaire Bonnot, dont on n'avait point signalé, à Jouin, la présence chez le soldeur Gauzy. La femme Weynem déclara d'ailleurs, l'avoir parfaitement reconnu d'après les nombreuses photographies publiées dans les journaux.

Dans la chambre où Jouin venait de trouver la mort, on découvrit un sac de voyage avec du linge des cartouches, des flacons de teinture, un porte-monnaie et, chose qui amusa certains reporters facétieux, un volume d'Anatole France : *Crainquebille*.

Jouin avait reçu deux balles, l'une dans la tête, l'autre dans la colonne vertébrale. Il avait remplacé à la Sûreté M. Blot qui tomba lui-même sous le revolver de l'assassin Delaunay.

Des bruits bizares coururent dans Paris à l'occasion de cette mort. On rappela les dissensions de la Sûreté. D'aucuns affirmaient qu'on n'ignorait pas tout à fait la présence de Bonnot chez le soldeur, mais rien ne vint justifier ces racontars. Quant à Gauzy, il déclara avec véhémence qu'il ne connaissait pas du tout l'homme qu'il hospitalisait. Un ami le lui avait recommandé, sans donner son nom. C'était tout. Mais il eut beau protester de son innocenee, il fut arrêté. Pendant ce temps, Bonnot, lui, courait toujours. On se demanda comment il avait pu se blesser au bras. On supposa que cette blessure provenait d'un coup de canne que Jouin lui aurait donné en l'attaquant.

On crut retrouver sa piste à Paris, boulevard Masséna, puis dans le métro où un garçon de café prétendit l'avoir reconnu. C'était, disait-il, un homme plutôt petit, vêtu d'un veston sombre avec de minces moustaches noires et des yeux fouilleurs. Il semblait vouloir dissimuler sa main gauche. Il descendit au Châtelet et le garçon de café le perdit de vue.

Un chauffeur de taxi raconta ensuite comment deux hommes se firent conduire dans la forêt de Sénart et lui dérobèrent sa voiture, après l'avoir aveuglé avec du poivre. On en conclut que ces deux hommes étaient des complices de Bonnot qui s'étaient emparés de la voiture pour le transporter en lieu sûr et lui permettre de guérir sa blessure.

*
* *

Plusieurs arrestations suivirent le drame. On arrêta l'anarchiste Lorulot, ancien directeur de l'*Anarchie*, dans les bureaux de son nouveau journal l'*Idée Libre*, ainsi que les nommés Hobost, Maurice André, l'amie de Simentoff, Marie B.. âgée de dix-huit ans, et enfin les jeunes financiers C... de F... et Pancrazy, qu'on accusait de servir d'intermédiaire entre les bandits et les acquéreurs de titres.

Gauzy, interrogé à nouveau, s'en tint à sa première version. Il ajouta cependant quelques détails.

C'était Simentoff, expliqua-t-il, qui lui avait envoyé l'inconnu. Ce Simentoff que Gauzy connaissait depuis des années, lui servait de commis. Le 18 avril, il partit, disant qu'il allait envoyer un remplaçant. Ce remplaçant, c'était Bonnot.

Mais Gauzy l'ignorait. Il accepta donc de loger l'homme pour la nuit, et, le lendemain, l'invita à se retirer. L'inconnu le remercia et se disposa à partir. Gauzy le croyait loin quand les inspecteurs arrivèrent pour perquisitionner.

Jouin, d'ailleurs, ne cherchait pas du tout Bonnot. C'était Cardy qu'il s'attendait à trouver chez le soldeur, et c'est pourquoi, dès son entrée dans le magasin, il mit la photographie de Simentoff sous le nez de Gauzy en lui demandant :

— Connaissez-vous ce type-là ?

Ainsi Gauzy apparaissait comme innocent de la mort de Jouin, résultant de sa rencontre avec Bonnot et purement accidentelle. On allait d'ailleurs intervenir dans la presse en faveur de Gauzy. Une campagne ardente se décida au cours de laquelle la *Guerre Sociale*, grand hebdomadaire d'extrême-gauche, alla jusqu'à invoquer le *droit d'asile*, le plus sacré et le plus intangible des droits.

Mais Bonnot libre, Jouin tué, Garnier et Valet toujours en fuite, qu'allait-il advenir ? On s'attendait à tout. De nouveaux attentats fleuriraient-ils ? Le sang coulerait-il encore ?

La terreur régnait dans Paris.

VIII

LA MORT DE BONNOT

Les choses, cependant, ne devaient pas traîner.
Ainsi le voulait le destin. A peine échappé par le
meurtre aux policiers qui le surprenaient dans sa
chambre obscure, chez le soldeur Gauzy, Bonnot,
en dépit de son audace, tombait à son tour.

Le drame, un des plus impressionnants, dans
toute la série des meurtres, des cambriolages, des
batailles dont est composée l'histoire des bandits
en auto, se déroula le 29 avril 1912.

Bonnot s'était réfugié à Choisy-le-Roi.

Il avait trouvé asile dans le hangar d'un mécanicien nommé Dubois. Ce Dubois, disait-on, était
en relation avec toute la bande, et quelque temps
il avait gardé chez lui l'auto dérobée à M. Buisson avant qu'elle fût placée chez Detwiller.

Malgré tout, M. Guichard n'était pas absolument sûr de trouver Bonnot chez ce comparse.
Dans sa pensée, il s'agissait seulement d'organi-

70

ser une souricière, de guetter les allées et venues des gens de la maison.

L'opération concertée ne paraissait pas devoir aboutir immédiatement. Tout au plus pouvait-elle permettre de recueillir quelques renseignements utiles.

Une nuit entière, les inspecteurs de police rôdèrent autour du hangar. Ils attendaient le petit jour pour procéder à la perquisition.

L'aube parut.

Le chef de la Sûreté, suivi par trois inspecteurs, se dirigea vers la maison suspecte, en contournant les caisses et bidons d'essence entassés. Le hangar assez vaste était surmonté d'un petit étage en briques. La maison se trouvait isolée dans une sorte de carrefour. Elle avait devant elle un large terrain habillé d'herbe. Les policiers s'engagèrent sur le terrain. De l'intérieur du hangar, il était assez difficile de les apercevoir.

Quand le chef de la Sûreté, Guichard, se trouva devant le garage, il aperçut le mécanicien Dubois qui travaillait à une réparation. Un enfant se trouvait debout, près de lui. Au bruit que firent les policiers, l'ouvrier releva la tête et il eut un geste de surprise. Puis, brusquement, se tournant vers l'enfant, il se mit à crier de toutes les forces de ses poumons :

— Sauve-toi... Sauve-toi...

Alors les policiers crurent comprendre. Ce n'était pas, évidemment, pour l'enfant que l'homme criait ainsi. Il tentait de prévenir quelqu'un. Mais qui ? Garnier ? Bonnot ? Le chef de la Sûreté n'eut plus d'hésitation. Il s'avança vers Dubois, commandant :

— Haut les mains.

A ces mots, Dubois bondit en arrière et, tirant un revolver de sa poche, il fit feu sur les agents qui reculèrent. D'un second bond, Dubois se jeta à l'abri derrière une voiture pour éviter les ripostes.

Quelques secondes rapides, lourdes d'angoisse. Puis tout à coup, une nouvelle détonation. Cette fois, cela venait d'en haut, d'une fenêtre. Tous les hommes qui se tenaient là levèrent la tête. Et le même cri, fait de surprise, de fureur, de crainte aussi, s'échappa de toutes les bouches.

— Bonnot !

C'était lui, en effet, le bandit redoutable et exaspérant qu'on recherchait si vainement depuis des semaines. Lui, en bras de chemise, revolver au poing, tirant dans le tas.

Un inspecteur tomba.

M. Guichard l'aida à se relever et jeta un ordre :

— En arrière... Abritez-vous.

L'inspecteur, frappé d'une balle au ventre, fut transporté dans une maison voisine. Un autre, le bras troué, fut également conduit chez des voisins pour se faire panser. Enfin, un troisième inspecteur courut au téléphone pour réclamer du renfort.

Et l'on attendit.

Le chef de la Sûreté savait à quelle espèce
d'homme il avait à faire, un homme qui ne recu-
lait devant rien, décidé à vendre sa peau le plus
cher possible. Il l'avait suffisamment prouvé en
passant sur le corps sanglant du sous-chef de la
Sûreté, Jouin. Mais, pour l'instant, il fallait l'empêcher de s'enfuir. M. Guichard prit toutes les
précautions indispensables pour que le bandit et
ses complices, s'il en avait dans la maison, ne
pussent s'évader. La maison fut cernée à distance
avec ordre de tirer sur quiconque tenterait de
sortir.

Pendant près d'un quart d'heure, ce fut le
silence. Pas un coup de feu. Les adversaires se
préparaient au combat décisif. Puis une douzaine
de gendarmes firent leur apparition, suivis de
quelques douzaines de combattants amateurs, des
habitants du voisinage armés de fusils, de cara-
bines, de revolvers.

Les civils se placèrent sous le commandement
de M. Rendu, maire de Choisy-le-Roi et de son
adjoint Logerot. M. Guichard se mit à la tête des
gendarmes.

A l'intérieur de la maison, l'ennemi attendait.
Et l'ennemi se composait, en tout et pour tout,
d'un seul homme. Mais cet homme, c'était Bonnot.

Le cercle se rapprocha peu à peu de la maison
en utilisant les abris de fortune que fournissait le
terrain.

Soudain, au moment où nul ne s'y attendait,

sur le palier de l'escalier, Bonnot parut. Bonnot, toujours en manches de chemise, la chevelure en désordre, le regard dur. Il leva le bras et fit feu. Immédiatement, une fusillade nourrie répliqua. Bonnot haussa les épaules et, lentement, recula dans sa chambre. Autour de lui, les balles venaient s'aplatir sur la porte et sur la muraille, faisant jaillir des éclats de bois, de plâtre, de la poussière.

Il y eut un nouveau répit, très court.

Vingt secondes à peine s'était écoulées lorsque Bonnot reparut à une fenêtre qui s'ouvrait vers la droite et au-dessus de la porte. Ses deux bras se tendirent et il se mit à faire feu. Comme la première fois, une vigoureuse fusillade riposta. Bonnot ferma tranquillement la fenêtre et disparut.

Deux inspecteurs venaient d'être blessés au cours de cet engagement.

Et la bataille se déroula. Bonnot ne cessait de tirer tantôt par la fenêtre, tantôt par la porte qu'il ouvrait et refermait rapidement pour éviter les balles des adversaires, tantôt par les brèches que la fusillade creusait dans e mur très mince et peu consistant. Mais, à entendre les coups de feu tirés de la maison, les assaillants avaient, de plus en plus, l'impression que toute une bande se tenait là, aux aguets, prête à une défense acharnée.

En réalité, Bonnot n'avait pas de complices. Dubois, depuis qu'il s'était réfugié derrière une voiture, ne donnait plus signe de vie. Peut-être avait-il été touché mortellement, dès le début de la bagarre. Et là-haut, Bonnot était bien seul. Seul contre tous.

Seulement c'était Bonnot.

. .

Les gendarmes tiraient un peu à l'aveuglette, contre la façade de la maison, et dans l'escalier. Mais l'on n'avait pas franchi l'espace découvert qui séparait les assaillants de la maison, car cet espace était criblé de projectiles. Vers les neuf heures et demie, de nouveaux renforts survinrent. Les forces policières se virent triplées. Il y avait des pompiers, deux compagnies de la Garde républicaine sous les ordres du capitaine Riondet et du lieutenant Fontan. Un cordon de tirailleurs fut disposé tout autour de la maison assiégée. Tout ce déploiement de forces pour un seul homme. Jamais. dans les annales de la police, on n'avait enregistré pareille lutte homérique.

Il fallait cependant franchir l'espace dangereux, si l'on voulait en finir. Pompiers et gardes s'y décidèrent. Ils se préparèrent à bondir.

Plus un coup de feu. Bonnot, sans doute, devait être occupé à recharger ses armes.

MM. Lépine, Hamard, Touny, tout l'état-major se tenaient sur les lieux. Derrière, les photographes empressés dressaient leurs appareils, s'apprêtant à opérer.

L'agonie de la bête féroce commençait.

Un soleil joyeux, dans un ciel très pur, éclairait cette scène atroce.

Onze heures sonnèrent. On vit alors arriver M. Lescouvé, procureur de la République, des magistrats, de très hauts personnages qui rejoignirent l'état-major.

Midi...

La fusillade avait repris. Bonnot ripostait toujours. Comment pouvait-il tenir aussi longtemps derrière les cloisons fragiles que les balles perçaient et trouaient comme des murs de carton ? Cela tenait du prodige.

L'état-major, un peu énervé, décida alors une sorte de conseil de guerre. Et, tout de suite, on se mit d'accord sur la nécessité de faire sauter la maison de Dubois à la dynamite. M. Touny conseilla au lieutenant Fontan qui s'était proposé pour poser les cartouches, de s'abriter derrière une charrette garnie de paille et de foin qu'on pousserait à reculons afin d'éviter les coups de revolver. On fit chercher le véhicule. A ce moment, sur l'ordre de M. Lépine, la fusillade cessa. De son côté, Bonnot se taisait. La foule, grossie depuis le matin, était haletante.

Près de trente mille personnes s'entassaient là pour voir mourir un homme.

Le clairon sonna. Puis le silence, un silence pesant, lourd d'angoisse. Et le lieutenant Fontan s'avança, une cartouche à la main, le cordon Bickford de l'autre ; la charrette fut mise en mou-

vement par le charretier Puche, reculant pas à
pas vers la maison. A ce moment, M. Rendu,
maire de Choisy-le-Roi, vint se placer à côté du
lieutenant, réclamant sa part de l'expédition.

Du côté de la maison, rien, pas un souffle.

La charrette parvint tout près du seuil.

Le lieutenant Fontan se faufila entre les roues,
plaça sa cartouche et alluma le cordon. Puis la
voiture s'ébranla en sens contraire, revenant vers
la foule attentive.

On attendit.

Une minute. Deux. Trois...

Rien.

Pas d'explosion.

Les chefs de l'expédition se regardèrent,
inquiets. L'un d'eux fit observer que le cordon
avait parfaitement pu s'éteindre.

Il n'y avait plus qu'à recommencer.

La charrette se remit en route. De nouveau, le
lieutenant Fontan alluma le cordon Bickford.

Cette fois, le résultat fut atteint. Une fumée
bleue s'éleva. Deux détonations retentirent. Un
nuage de poussière, un jaillissement de pierres et
de plâtre...

Quand la fumée fut dissipée, on se pencha pour
voir, fébrilement. La maison se dressait, intacte,
toujours debout, semblant jeter un défi aux assaillants.

Et Bonnot qui ne donnait pas signe de vie.

L'inquiétude gagnait l'état-major. Des mur-
mures couraient dans la foule. Le lieutenant

décida de recommencer l'expédition pour la troisième fois et de placer les cartouches dans le
hangar.

Il repartit parmi les acclamations de la foule.

Cette fois, le hangar fut soulevé dans un tourbillon de fumée et de poussière. Des flammes
fusèrent, entourèrent la maison.

Le lieutenant mit revolver au poing et courut
vers la maison. Les policiers s'élancèrent. Dans
le hangar, on trouva Dubois étendu, le visage
sanglant, un trou dans le crâne. Le malheureux
avait dû être tué dès le commencement.

La police se précipita dans l'escalier. Mais on
craignait un retour offensif de Bonnot. Les agents
s'armèrent d'un matelas derrière lequel ils se dissimulèrent. Les matelas jouèrent d'ailleurs un
rôle prépondérant dans cette sombre affaire. Car
lorsqu'on arriva dans la chambre de Bonnot, on
le trouva, blessé à mort, entre deux matelas.

Sur cette fin tragique, diverses versions ont
couru. On a dit que le bandit, blessé, ruisselant
de sang, s'était défendu jusqu'au bout et qu'il fallut l'abattre à coups de revolver. Il semble plus
conforme à la réalité que Bonnot fut découvert
râlant. L'autopsie révéla par la suite qu'il s'était
logé lui-même deux balles dans la tête.

Mais, suicidé ou abattu, l'homme était vaincu.
Une immense rumeur de joie au dehors, des clameurs de haine et de vengeance satisfaite. Bonnot est mort, Bonnot est mort.

On emporta le bandit dans un taxi, jusqu'à

l'Hôtel-Dieu. Quand il arriva à l'hôpital, ce n'était plus qu'un cadavre.

.·.

Cette mort brutale provoqua une émotion considérable. On ne put s'empêcher, en dépit des crimes monstrueux commis par cet homme, de considérer l'héroïsme de sa fin. Toute une matinée, il avait tenu, avec un courage surhumain contre les forces policières. Il avait fallu la dynamite, l'incendie, la charge des matelas pour avoir raison de son énergie. Et, encore on ne l'avait pas eu vivant. A l'heure qu'il avait voulu, Bonnot venait de dire adieu à cette société qu'il avait si violemment combattue.

De quoi n'aurait-il pas été capable, cet homme d'une volonté implacable, d'une audace farouche, si les hasards de la vie l'avaient dirigé autrement !

Cela tout le monde le comprit, au lendemain du drame de Choisy-le-Roi. Et un journaliste ne craignit pas d'écrire :

Seul contre 1.000, le bras paralysé par sa blessure d'Ivry, avec pour toute arme un revolver portant à cinquante pas, contre une troupe armée de lebels, de dynamite et qui réclamait du canon, le bandit apparaissait comme transfiguré ; le révolté perçait sous la bête fauve.

Le Cartouche moderne trouva le moyen de finir en posture d'insurgé.

Mais la victime incontestable de cette inoubliable bataille, ce fut Dubois. Celui-là n'était pas
un complice des bandits. C'était, seulement, un
anarchiste qui avait consenti à hospitaliser Bonnot, traqué par la police et fuyant. Peut-être
le connaissait-il et Bonnot lui avait-il fait des
aveux ? Peut-être avait-il seulement soupçonné
son identité Mais il avait accepté de lui donner
asile. Et quand il vit la police chez lui, plutôt que
de trahir son hôte, il poussa des cris pour l'avertir
et se fit tuer pour le défendre. De tels hommes
sont rares. Et combien ce geste paraît-il préfé-
rable à celui d'un autre individu, considéré comme
anarchiste, voisin de Dubois, dont le nom est
heureusement pour lui, oublié aujourd'hui et qui
n'hésita pas à fournir à la police la dynamite qui
devait faire sauter la maison de son camarade.

*
* *

On trouva dans la maison où Bonnot agonisait
entre ses deux matelas, une feuille de papier
qu'on désigna ensuite comme le « Testament de
Bonnot ». L'écriture rapide, irrégulière, était tra-
cée au crayon et, vers la fin, probablement au
moment où les assaillants se rapprochaient, elle
devenait illisible. On sentait que Bonnot, pressé
d'en finir, soucieux de ne pas tomber vivant entre
les mains de ses adversaires, s'était pressé et
que sa main était devenue fébrile.

Voilà donc à quoi s'occupait ce singulier bandit

au moment où la charrette poussée à reculons vers
le hangar, on s'étonnait de son silence. Il écrivait
ses dernières pensées. Et, chose étrange de la
part de ce cynique brutal, il s'efforçait de discul-
per quelques-uns des malheureux arrêtés ou soupçonnés.

Et l'on pouvait lire sur le « Testament », hâtivement crayonné, ceci qui, rapproché de la lettre
de Garnier, doit être retenu :

Madame Th... est innocente.
Gauzy aussi. DIEUDONNÉ AUSSI. P. D...
aussi. M. Th... aussi.
Je meurs.

DIEUDONNÉ EST INNOCENT !

Voilà ce qu'a clamé Bonnot au moment de
mourir. Voilà ce qu'a affirmé cet homme à l'heure
où l'on ne sait plus mentir, avec le seul souci évi-
dent de ne pas laisser des innocents payer pour
lui.

IX

LA MORT DE GARNIER ET DE VALET

Celui qu'on pouvait considérer comme le chef de la bande se trouvait désormais hors d'état de nuire. On commençait à respirer. Mais tout n'était pas dit. Restait Garnier, l'homme de la rue Ordener et de la rue du Havre et son complice Valet.

Nul ne pouvait dire où les deux bandits se réfugiaient.

Ce fut vers le début du mois de mai qu'on retrouva leurs traces Les deux complices, disait-on, habitaient Nogent-sur-Marne. On les découvrit en filant la maîtresse de Garnier, Marie Vuillemin.

Bientôt, il n'y eut plus de doute. Les deux bandits se cachaient dans un pavillon, non loin de la Marne. Ils se tenaient là depuis le 9 mai et ils avaient loué la villa sous le nom de Rochette.

Le 14 mai, M. Guichard tint un conseil de

guerre à la Sûreté générale. Vers les cinq heures et demie du soir, une cinquantaine d'inspecteurs sautèrent dans des automobiles, se dirigeant vers Nogent-sur-Marne. Il s'agissait de saisir les bandits au nid.

L'après-midi s'avérait superbe et le temps très doux. Garnier et Valet se promenaient dans leur jardin, lorsqu'ils entendirent frapper à la porte. Une voix rude retentit. Comprenant qu'ils étaient découverts, ils n'eurent aucune hésitation. Ils coururent se réfugier dans la maison.

Les policiers pénétrèrent dans le jardin. Debout, livide, la maîtresse de Garnier, Marie Vuillemin, les regardait venir. On la cueillit et on l'entraîna.

Alors les inspecteurs se rapprochèrent de la maison silencieuse. Mais, soudain, la porte s'ouvrit. Les policiers eurent un recul, s'attendant à voir se renouveler l'histoire de Bonnot tirant des coups de revolver et disparaissant. Mais ce n'étaient point les bandits. C'était une femme, celle qu'on appelait la Dondon, la maîtresse de Valet.

Elle fut arrêtée comme Marie Vuillemin.

Au même instant, des détonations retentirent. Les coups de revolver étaient tirés par une fenêtre du rez-de-chaussée, et par une autre fenêtre du premier étage. Le brigadier Fleury, atteint en pleine poitrine, fut transporté à l'hôpital Saint-Antoine. L'inspecteur Cagrousse tomba, une balle dans la cuisse droite.

Les policiers exécutèrent un mouvement de retraite.

La tragédie de Choisy-le-Roi allait se reproduire.

Pour commencer, M. Guichard fit entourer la villa par ses hommes et réclama du secours par téléphone.

Comme à Choisy-le-Roi, exactement comme à Choisy-le-Roi, arrivèrent des gendarmes, des pompiers, des gardes républicains, M. Lépine, M. Hamard, des conseillers municipaux, plus un bataillon de zouaves.

Mais le siège du pavillon paraissait beaucoup plus malaisé que celui de la maison de Bonnot, qui, elle, était isolée, et non pas enfouie parmi d'autres habitations.

C'est pourquoi on résolut de brusquer les choses.

La tragédie de Choisy-le-Roi avait servi de répétition générale. On ne voulut plus passer des heures à lutter contre les bandits.

Les agents reçurent l'ordre de monter sur les toits des maisons voisines. Des zouaves furent postés sur un viaduc de chemin de fer qui dominait la villa. Et, de ce viaduc, on se mit à faire dégringoler d'énormes pierres dans le but d'ouvrir des brèches dans la toiture.

Vers les sept heures du soir, on fit sonner le clairon.

Le chef de la Sûreté générale, M. Guichard, accompagné de quelques agents, s'avança dans la

84

direction de la maison et, de toute la force de ses poumons, il cria :

— Garnier, rendez-vous !... Valet. rendez-vous !... Au nom de la loi.

Il n'avait pas terminé que les deux fenêtres s'entr'ouvrirent.

Plusieurs coups de feu. Furieux, le chef de la Sûreté se tourna vers ses agents et dit :

— Il ne reste plus qu'à attaquer.

La fusillade commença.

La nuit descendait lentement.

De tous les toits environnants, partirent des coups de fusil, des coups de carabine. Garnier et Valet ripostaient de leurs fenêtres.

Tout cela sans grand résultat.

Alors l'état-major, comme à Choisy-le-Roi, résolut d'avoir recours à la dynamite.

Une bombe fut lancée d'un toit. Mais, maladroitement jetée, c'est à peine si elle entailla la bordure du toit de la maison où s'abritaient les bandits. Il fallut recommencer. Trois autres bombes explosèrent. Entre les deux dernières, on vit un homme apparaître à la porte du rez-de-chaussée et on l'entendit qui hurlait :

— Assassins !... Assassins !...

Il déchargea son browning. L'inspecteur Delépine, blessé, fut transporté à Vincennes.

Après la dernière bombe, ce fut un silence pesant. Garnier, Valet ne bougeaient plus. On se demandait s'ils vivaient encore, si, comme Bonnot, ils n'avaient point mis fin à leurs jours.

Les inspecteurs de la Sûreté s'approchèrent de
la maison. Ils s'étaient confectionné des boucliers
avec des plaques de tôle. Bien leur en prit. Ils
n'étaient pas à deux mètres de la maison que
des coups de feu retentirent à nouveau. Les inspecteurs reculèrent. Deux d'entre eux étaient légè-
rement blessés.

La résistance s'affirmait acharnée. On raconta,
par la suite, que M. Lépine avait eu son chapeau
éraflé par une balle.

Et, du dedans, la même voix qui lançait :

— Assassins !... Assassins !...

Parmi ceux qui se pressaient dans l'immense
foule, noyés dans l'horreur, nul ne devait plus
jamais oublier ce spectacle formidable de deux
hommes luttant jusqu'au bout contre des légions
d'adversaires, non seulement avec courage, mais
encore avec rage.

Mais il y eut un aspect odieux de ce spectacle
émouvant. Des messieurs en tenue de soirée, des
dames en robes décolletées, des jeunes gens mu-
nis de provisions qu'ils déballaient sur l'herbe,
s'entassaient pour assister à l'hallali. Ils venaient
là en habitués des petits jours blêmes de la guillotine. Eternelle ruée des chacals.

Et, à voir ces honnêtes gens, dans la lumière
sautillante des torches, sous le jet des phares
d'automobiles et la lueur des lanternes, tels des
fantômes gesticulants et grimaçants, on se demandait quels étaient les véritables bandits, de
cette tourbe sans viscères ou des deux autres.

Tout à coup, de nouveaux personnages firent leur entrée solennelle dans l'arène. C'étaient les chiens policiers. Mais leur utilité parut vite contestable.

Les bandits, peu à peu, gravissant les étages, s'étaient réfugiés dans le grenier. Ils ne cessaient de tirer et de crier :

— Lâches !... Assassins !... Lâches !...

Un entrepreneur du nom de Delaffalte proposa qu'on posàt au pied de la maison une cartouche de dynamite. Il s'offrit pour l'opération. Aussitôt les pompiers inondèrent la façade de la maison de lumière, de façon à creuser, dans le bas, un trou de ténèbres. A la faveur de cette obscurité, l'entrepreneur, accompagné d'un soldat, se livra à sa besogne pendant que des toits et du viaduc. la fusillade redoublait.

Et puis — car il faut tout dire — on amena des mitrailleuses.

Le combat livré à ces deux hommes dépassait en préparatifs et en importance, la bataille engagée contre le seul Bonnot.

Autour de la maison, ce n'étaient que cris, hurlements, appels, aboiements.

Et l'explosion se produisit.

On vit des gerbes de flammes, quelque chose comme la gueule vomissante d'un volcan, puis une épaisse fumée grise, impénétrable qui, un instant, déroba la maison sinistre à tous les regards.

En même temps, les mitrailleuses crachaient

leurs plombs, les balles crépitaient de toutes
parts. On n'eût pas mieux fait pour une citadelle.

Dans la nuit un cri s'éleva :

— Cessez le feu !

Une autre voix cria d'un ton de commandement :

— En avant les chiens !

La brèche déterminée par les cartouches apparaissait dans le mur de la maison, comme une
blessure béante. Des gardes et des policiers se
mirent à rire. « Elle a reçu son compte », dit l'un
d'eux. — « Une belle tape », dit l'autre.

Mais les deux hommes à l'intérieur ?

Vivaient-ils encore ?

A tout hasard, dans la fumée qui se dissipait,
par la brèche, on tira de nombreux coups de revolver.

Peu à peu, un vent léger qui soufflait depuis
quelques heures, parvint à dissiper entièrement
la fumée dont les derniers filaments se tortillèrent,
s'allongèrent comme des vers et furent avalés par
l'ombre.

Il était alors, à peu près deux heures et demie
du matin.

Le combat durait depuis la veille au soir.

Quand on pénétra dans la maison éventrée, un
spectacle hideux s'offrit à tous les yeux. Des
taches de sang sur les murs, sur le plancher, partout. Tout était rouge. Et dans les pièces, des
plâtras, des morceaux de pierres et de briques,

88

de la poussière, des éclats de bois... De ci de là, des brownings, des douilles... Enfin, on découvrit les cadavres des deux hommes. L'un était caché derrière un matelas, l'autre se trouvait accroupi, dans un angle, le corps maculé de plâtras et de sang, horrible...

On les jeta dans des draps qu'on noua rapidement et on les emporta.

On put alors constater que les bandits avaient occupé leurs derniers instants à brûler des paperasses, des documents probablement, avec, sans aucun doute, chez eux, le souci de ne point compromettre des camarades plus ou moins complices ou complaisants.

Les horloges lointaines sonnaient leurs trois coups, lugubrement, dans le matin qui s'éveillait.

Les deux bandits — deux jeunes hommes de vingt-cinq ans — avaient, toute une nuit, résisté à des bataillons de soldats, de gendarmes, de policiers, tenu tête aux balles, à la mitraille, à la dynamite.

Le dernier acte de ce sombre drame était joué.

X

UN PEU DE L'AME DES BANDITS

Nous empruntons ce titre à M. Emile Michon, membre de la Société générale des prisons, qui approcha quelques-uns des bandits et tenta de les expliquer dans un livre remarquablement impartial, bourré d'observations judicieuses et de moelle psychologique. Mais cet écrivain spécialiste ne vit les bandits qu'à leur déclin, après leur défaite, alors que la plupart d'entre eux n'avaient d'autre espoir que la mort. Il nota néanmoins la crânerie avec laquelle Bonnot, Garnier, Valet avaient succombé, payant ainsi largement leur dette. « On doit les maudire, écrit-il, les exécrer et n'empêche qu'il n'est pas sans beauté le geste de cet homme qui grièvement blessé, achève au milieu du crépitement de la fusillade et des détonations de la dynamite, son testament dans la mélancolie finale duquel on devinera l'éveil tardif de la conscience... On dira ce qu'on voudra, ces hommes étaient d'un rude acier. »

En effet. Impossible de les situer dans la catégorie des bandits ordinaires et crapuleux. Du
reste il ne hantèrent jamais les milieux dits du
crime. Ils ignoraient et méprisaient superbement
le monde des apaches, des souteneurs. Il faut
donc qu'il y ait eu dans leurs actes tragiques et
criminels, d'autres mobiles. Il faut, pour bien les
connaître, plonger dans leur conscience.

M. Michon observe qu'ils sont tous « anarchistes individualistes » et atteints de « l'hypertrophie
du Moi ».

Jugement un peu téméraire. Il y a autre chose,
notamment le détraquement de leur conscience et
de leur intelligence, consécutif à une éducation
monstrueuse ; une fausse vue des choses ; une
compréhension anormale de la vie, des droits et
des devoirs de l'être.

Tous ont une certaine culture. Ils ont lu énormément et ils ont lu sans grande préparation. Ils
hantent Schopenhauer et le citent. Ils fréquentent
Nietzsche, Stirner, Le Dantec, Gustave Le Bon...
Quelques-uns d'entre eux ne vivent que par la
science et c'est ce qui vaudra à Callemin son
sobriquet de « Raymond la Science ». Ils sont
poètes aussi. M. Michon cite ce poème dû à De
Boué, intitulé :

LA MISÈRE

Dès le berceau des conquérants,
A l'ombre triste de leur gloire,
J'ai tissé mes haillons traînants
Et fait ma couche de boue noire.

J'ai mis des larmes dans mes yeux,
J'ai mis la faim dans mes entrailles,
Depuis je rôde autour des lieux
Où les conquérants font ripaille.

Depuis je tiens ma froide main,
Que crispe quelquefois la haine ;
Alors je suis celui qu'on craint
Et qu'on flatte comme une reine.

Ma main s'est réchauffée parfois
Aux feux de joie de bien des trônes,
Des grands ont tremblé à ma voix ;
Des rois m'ont demandé l'aumône.

Je suis l'intruse que l'on craint
Voir paraître devant la porte,
Et l'on pleure lorsque j'étreins
L'enfant que le hasard apporte.

Je suis celle qui crie : « J'ai faim ! »
Ce cri troublant qui indispose,
Qui fait pâlir le châtelain
Dans les moments où il repose.

Je suis celle qu'aux soirs d'hivers,
Les mains dans un manchon de glace,
On peut voir s'acheminer vers
Les masures où la mort passe.

Je suis celle qui, dans la nuit,
Tremble sur le seuil des églises,
Et qui s'endort sur le granit,
Sous la froide haleine des bises.

Je vais traînant partout le deuil
Des joies qui me sont inconnues,

Et l'on m'a même pris l'orgueil
En repoussant ma main tendue.

Je suis la misère, voyez,
Voyez ce qu'avec moi je traîne,
Le cortège déguenillé
Fait de faim, de vice et de haine.

Je suis la misère, longtemps
Je traînerai encore ma horde,
Comme une lèpre qui s'étend
Et qui toujours plus loin déborde.

Je suis la misère qui monte,
Et qui gagnera les palais.
Je me vengerai de la honte,
De l'ombre vile où je rampais.

Evidemment les règles de la prosodie ne sont pas absolument respectées comme elles devraient l'être et certaines images frisent l'enfantillage ; mais on ne pourra nier qu'il y ait, dans cette production, du mouvement, le sens du rythme, une réelle fraîcheur d'inspiration... C'est un bandit, un des complices des féroces bandits de la rue Ordener et de Chantilly qui a composé ce poème attendrissant et résigné.

Comment ils concevaient leur « Moi ». Tenez, je donne la parole à un « scientifique ». Ecoutez :

Je sais que j'existe parce que je sens le contact des choses extérieures, lumière, air, chaleur, froid, etc... en un mot la matière.

Je juge ces choses par rapport à moi : Il n'en saurait être autrement.

Moi, ce sont *tous mes organes, mes membres,
mes sens, mon cerveau, en un mot, tout cet ensemble, cette association de cellules et de groupes de
cellules qui ne peuvent vivre indépendamment les
unes des autres. Si un groupe quelconque de cellules est malade, la répercussion de malaise se
communique à tous les autres groupes composant
mon individualité ; mon « Moi ». Si j'ai faim,
soif, si je manque de lumière, d'air, ce n'est pas
seulement mon appareil digestif ou mon appareil
respiratoire, ou ma vue, ou mon épiderme qui
sont affectés ; c'est « Moi » tout entier...*

*De cet ensemble de choses, de cette association,
il en résulte un individu complet, vivant de sa
vie propre, différent de ce qui l'entoure, puisant
pour lui, dans le milieu pour entretenir la vie de
tous les constituants de cette « colonie »; il en
résulte ce que l'on appelle un « Moi ».*

*Sorti de la matière, je ne vois rien qui puisse
constituer la vie. Je ne crois pas à une intelligence
supérieure, à un Dieu quelconque, à un esprit
créateur d'organisation de la matière.*

*Je ne crois pas à une âme matérielle, laquelle
puisse survivre d'une vie propre après notre
mort...*

Voilà la déclaration de principe. Reste ensuite
à fournir au « Moi » son plus complet développe-
ment. Mais la Société humaine, avec ses lois, ses
injustices, ses illogismes s'y oppose. Alors ?
Alors la révolte. Mais non plus la révolte roman-

94

tique contre des formules. L'individualiste a jugé
la Société qui ne repose que sur l'égoïsme et l'ex-
ploitation de l'homme ; il sait que l'argent en est
la clé de voûte. Il va donc s'attaquer à la seule
puissance du jour : le Coffre-fort. Et cela par tous
les moyens.

Et l'individualiste aboutit à l'illégalisme.

Cette théorie de l'illégalisme est plus vieille que
les anarchistes eux-mêmes. Mais il semble bien
qu'elle ait pris consistance et se soit répandue
dans leurs groupes avec le lancement du journal
l'*Anarchie* fondé par le compagnon Albert Libertad, en l'année 1906. Ce Libertad était un type des
plus curieux, venu de Bordeaux, en mendiant sur
les routes et qui conquit une certaine célébrité en
provoquant un scandale au Sacré-Cœur où il prétendait contredire le prédicateur. Après bien des
aventures, il vint s'installer dans un petit local de
Montmartre où, grâce à ses économies et le produit de quelques collectes, il monta une imprimerie embryonnaire. Il avait avec lui, deux com-
pagnes, toutes deux anciennes institutrices qui
l'aidaient dans sa besogne et quelques typographes
qui, le soir venu, après leur labeur, lui donnaient
un coup de main.

M. André Colomer, dans un livre véhément et
d'un talent brutal, dont le titre est tout un pro-
gramme : *A nous deux! Patrie !* parle longuement
de Libertad. Il en parle même avec enthousiasme.
Je lui emprunte les lignes qui suivent :

« C'était un étrange cynique. Il venait on ne

savait d'où, avec ses pieds nus dans des sandales
et ses pauvres jambes brisées qu'il lançait en
avant d'un superbe élan de ses béquilles de pauvre. Il portait une longue blouse noire aux larges
manches, et, tout en haut de ce corps misérable,
la tête flambait orgueilleusement ! Il allait toujours tête nue, avec un front comme Socrate,
crâne chauve et cabossé de la sagesse autour duquel pendaient quelques longs cheveux rétifs
comme des épines. Mais ses yeux brûlaient de
révolte, férocement, et sa bouche se tordait en sar-
casmes d'amertume.

« Libertad parlait. Sa voix âpre et chantante
tour à tour contait en ses inflexions précipitées
comme un débordement du cœur, la joie de vivre
au rythme des libres sensations en la simplicité
des gestes sans morale, l'horreur d'agoniser au
mécanisme des tâches serviles en la complexité
des mouvements convenus, la bêtise des politiques, la complicité des maîtres et des esclaves,
l'autoritarisme de toute force collective, la lâcheté
des hommes qui ne savent agir qu'en troupeau et
la jouissance de se découvrir et de recréer, et de
se perdre en toute sa sève, comme une tige droite
et souple vers le soleil, et de s'assurer soi-même
vivant et libre dans la lumière. Libertad chan-
tait l'anarchie comme une force que chacun portait en soi. Et, tandis qu'il parlait, les yeux des
jeunes gens brillaient d'une lumière intérieure. Au
rythme de cette voix, ils écoutaient en eux s'éveiller l'âme de leur jeunesse.

96

Après le drame d'Ivry.
La fenêtre par laquelle a sauté Bonnot.

La maison de Romainville.
Siège du journal " L'Anarchie ".

DIEUDONNÉ.   VALET.   SOUDY.

. . . .

« Ce monstre bafouait l'autorité souveraine du
Peuple. Il brisait les idoles du Temple de la Dé-
mocratie. Il niait l'Idéal social. La foule se héris-
sait de poings tendus. Un grondement la soulevait
et, de vague en vague, l'injure et la menace rou-
laient jusqu'à Libertad. Déjà ses jeunes disciples
repoussaient courageusement les premiers assauts
de la collective Bête. Mais soudain ce fut comme
une ruée de cochons saouls. .

« Il reçut un coup de pied dans le ventre. Alors
se couchant sur un mur, tout droit, d'un effort
décidé de ses pauvres jambes rompues, il se tint
sur une seule béquille et prenant l'autre à plein
poing par sa base, il la brandit comme une massue. Ah ! du moins, s'il fallait qu'un sage mourût
en ce jour, ce ne serait pas comme Pythagore
traqué et s'arrêtant au bord d'un champ pour
tendre sa poitrine aux coups de la foule. Il y
avait trop longtemps, qu'à travers les siècles,
les hommes sociaux se répétaient à plaisir que
les philosophes se laissaient tuer avec résignation.

« Sa tête nue contre la pierre, le front très haut
dans la clarté, ses yeux semblaient lancer des
éclairs, et au bout de sa manche noire, en son
poing de fer, dansait sa vieille béquille de bois.
Elle tombait, tombait sans cesse et retombait
d'un seul mouvement pour un moulinet de la
mort. Elle frappait à droite, à gauche, devant
elle, partout sur la bête grouillante autour de son

97

7

maître. Elle brisait un poing tendu. Elle crevait un œil de haine. Elle faisait sauter des dents prêtes à mordre, aplatissait un ventre, coupait les jambes, tapait, cognait, sautait, rebondissait, faisait le vide autour du poing qui la maniait, comme si elle eût été la roue même de l'infini animée par le bras du destin pour l'éternité.

« Et Libertad mourait, qu'elle tournait encore...

« Tel fut l'enseignement de la mort du sage. Il porta ses fruits superbement. Ceux que l'on appela les « bandits tragiques » furent les dignes fils de Libertad. En vérité, ils devaient être *les bandits individualistes.* »

Le morceau est joli, très joli, et d'un romantisme éclatant, sans déchets, qui dénote *l'écrivain.* Mais, hélas ! la réalité !...

D'autre part, Eugène Dieudonné, dans ses *Souvenirs* s'exprime ainsi sur Libertad :

« Libertad était populaire dans tout Paris. Il allait, les cheveux longs et tête nue. Nouveau Diogène, il parlait à tous, dès qu'un rassemblement se formait quelque part. Il avait la voix forte, mais avec un sens sérieux des nuances. Il savait prendre son auditoire.

« A Paris, plus qu'ailleurs, les réunions sont violentes. Il y a souvent pugilat. Libertad se jetait à terre sur le dos, et avec ses béquilles il faisait des moulinets terribles. Il est mort des suites d'une bagarre de ce genre. »

Mirage, faut-il le dire, mirage. La vérité est

98

plus simple. Libertad mourut des suites de coups
portés par les policiers qui le traînèrent sur les
marches d'un escalier, à Montmartre. Quant à sa
sagesse, son éloquence, sa foi, c'était un pauvre
diable sans grande culture, doué d'une inlassable
faconde et doutant si peu de lui-même qu'il ne
craignait pas de pérorer sur tous sujets. Cela
n'enlève rien à ses qualités réelles d'audace et
d'entraîneur d'hommes. Mais à vouloir trop
l'idéaliser, on ne pouvait que le déformer. Demeu-
rons véridique. L'auteur de ce volume qui connut
Libertad de très près, à l'époque où il était secrétaire de la rédaction du *Libertaire* (poste émi-
nent auquel lui succéda Miguel Almereyda) ren-
contra, un soir, l'Apôtre place Clichy ! Tous deux
causèrent.

— Je m'en vais, dit Libertad, faire une causerie,
aux Epinettes, sur le bon curé de Meudon.

Il prononçait « Meu... euh... don », avec son
savoureux accent bordelais. Je lui répondis alors :

— Ah !... Ah... Rabelais... c'est bien, ça... Et
qu'est-ce que tu vas dire sur lui.

— Je vais le présenter comme un révolté,
comme le père intellectuel des anarchistes...

Rabelais anarchiste... Hum !... Je tiquai un peu.
Puis :

— Mais, vraiment, entre nous, tu l'as lu, ce qui
s'appelle lu, Rabelais ?

Libertad ne se démonta point.

— Je ne l'ai pas lu, dit-il... Mais on me l'a expli-
qué. Et je sais à quoi m'en tenir.

Un autre jour, je l'entendis déclamer sur la morale qu'il assimilait à l'hygiène. Pour lui, l'homme moral était celui qui se lavait les pieds. C'était d'un cocasse irrésistible.

Nourri de brochures de propagande et de « causeries éducatives », le pauvre Libertad croyait que c'était arrivé. Et, après lui, d'autres qui se proclamaient ses élèves, le crurent. Cela explique les bandits.

Je dois noter qu'à côté de Libertad, un autre militant eut une énorme influence dans les milieux anarchistes. Il se nommait Paraf-Javal. Celui-là était un « scientifique ». Il a beaucoup écrit, beaucoup parlé. Il se séparait nettement des individualistes purs, poussés à l'école de Stirner, de Tucker, de Nietzsche. Il y eut même scission et bagarre entre les deux groupes et cela se solda par des morts et des blessés.

Mais nous avons laissé Libertad à la tête d'une imprimerie.

En même temps, Libertad imaginait ce qu'on a appelé *Les Causeries Populaires*. C'était une série de conférences qui eurent un moment une grande vogue. Le journal vivait des quêtes faites aux *Causeries* et de la vente de brochures dans les meetings et réunions publiques. Il se développa peu à peu.

Quelques mois après, Libertad louait une maison rue du Chevalier-de-la-Barre, aux flancs de la Butte. Elle se composait d'un sous-sol, d'un rez-de-chaussée qui servait de boutique et de deux étages. Au sous-sol, une presse désuète fut installée, ainsi que les cases, et la plus belle pièce, la plus claire et la plus spacieuse fut réservée aux *Causeries* qui avaient lieu chaque lundi soir. En même temps, un autre local était loué, rue d'Angoulême, où les *Causeries* se déroulaient le mercredi.

C'étaient d'originales séances que celles des *Causeries* et bien des hommes qui, depuis, ont conquis des situations, voire la notoriété, y passèrent des soirées entières. Pour tout mobilier, une table boiteuse, quelques bancs vermoulus, des chaises « chipées » dans les squares voisins ou chez les bistrots, c'était tout. Des fleurs très « Modern Style » décoraient les murs ; des rayons, où s'empilaient livres et brochures, couraient au fond de la pièce. Cela ne manquait point d'un certain pittoresque.

Les sujets les plus divers étaient traitées aux *Causeries*.

On y retrouvait des professeurs connus, des littérateurs, des savants qui venaient « enseigner » les camarades. Et, de ce nid d'anarchistes, le bourgeois égaré, amené là par un ami, s'en retournait stupéfait, ahuri, ne comprenant point qu'on n'eût pas, toute la soirée, parlé de bombes, de barricades, de révolution et qu'il n'ait pas assisté à de répugnantes scènes d'orgie.

C'était cependant de là que devait partir le mouvement individualiste et illégaliste qui allait aboutir aux Bandits tragiques.

Car, si les conférenciers, professeurs, écrivains,
savants, docteurs étaient immunisés contre les
dangers de certaines spéculations, il n'en allait
plus de même pour les auditeurs dont la plupart
n'étaient que de pauvres diables de primaires
ayant abandonné l'école de très bonne heure.
Certes, ils débordaient de bonne volonté ; ils s'ef-
forçaient d'alimenter leurs cerveaux, de s'assimiler toutes les notions. Mais, de plain-pied, ils se
lançaient dans la métaphysique la plus obscure ou
les théories scientifiques les plus ardues. On imagine les ravages produits dans les esprits.

Bientôt, il ne fut plus question aux *Causeries*,
que de Max Stirner, l'auteur de *L'Unique et sa
Propriété*, de Nietzsche, et surtout de Le Dantec.
Les uns avaient la tête farcie de Zarathoustra ;
d'autres ne juraient que par leur « Moi ». Un Callemin, par exemple, cherchait à tâtons, sa voie en
dévorant les vieux bouquins à couverture rouge
de la collection Gustave Le Bon. Sa voie ? Celle de
l'échafaud.

On parlait couramment de « reprise individuelle », comme d'une chose très simple et très
naturelle que pas un anarchiste digne de ce nom
n'aurait osé rejeter. Les malheureux ne songeaient pas assez aux gendarmes. Ils ne se
disaient pas davantage qu'au bout de ce chemin
dangereux, ils trouveraient fatalement le crime.
Ils se grisaient du mauvais vin des mots :
« Liberté !... Vivre sa vie... » Et, après ça,
ils allaient, aux devantures des épiciers, cueil-

102

lir des boîtes de sardines ou des camemberts.

La prison ne les guérissait point. Ils reparaissaient, après des mois d'absence, plus fous qu'avant. Et les lectures recommençaient, ainsi que les chapardages. Mais ce n'était que le début. Rien de bien tragique encore. Au contraire, cette époque de la vie anarchiste abonde en anecdotes savoureuses.

Un vieux poète chansonnier, disparu depuis, je crois, Paul Paillette, l'auteur des *Tablettes d'un Lézard,* racontait comment, un dimanche, il était venu, rue Clignancourt, rendre visite à un illégaliste notoire. Le pauvre vieux n'avait pas mangé depuis la veille. Il se demandait comment il mangerait ce jour-là. Mais l'illégaliste le rassura tout de suite.

— Attends, dit-il, nous allons faire un excellent déjeuner. C'est moi qui te le promets.

Paillette le suivit jusqu'à la rue Ramey. Parvenu près d'un magnifique étalage de volaille et de primeurs, l'anarchiste fit signe au poète de se poster dans une encoignure. Deux minutes après il revenait avec, sous son veston, un poulet dodu et alléchant.

— Attends, dit-il encore. Et prends toujours ça.

Le poulet s'engouffra sous la pèlerine ample du poète. Un instant très court s'écoula. Apparition d'un deuxième poulet. Puis un troisième. Enfin, un joli petit panier de fraises. Le pauvre Paillette ne pouvait en croire ses yeux.

— Mais le plus drôle, disait-il, c'était la tête de l'épicier. Ah ! quelle bobine ! Chaque fois qu'il tournait le dos, fut-ce une seconde, il constatait la disparition d'un poulet sans pouvoir comprendre comment cela s'était fait. Et il roulait des yeux ahuris ! Il ne lui vint même pas l'idée d'explorer les environs.

« Le déjeuner, ajoutait le poète, fut un des plus succulents de mon existence. »

L'art de la fausse monnaie fut aussi à la mode et pratiqué avec ferveur. Par malheur, cette industrie ne nourrit pas son homme. Il n'y a que les intermédiaires qui y trouvent profit, alors, que le fabricant aussi bien que l'émetteur courent tous les risques. Celà, d'ailleurs, réclame une organisation assez compliquée et trop étendue. D'où des chances de délations et des surprises désagréables.

Un de ces anarchistes faux monnayeurs fut, un jour, victime d'une fort mauvaise plaisanterie. Il venait de passer un beau louis en cristal à une commerçante lorsqu'il s'aperçut une fois dehors, que la bonne femme lui avait rendu en échange une pièce en plomb. Fureur du voleur volé. Il tempêta, hurla des imprécations contre ces cochons de bourgeois. C'est tout juste s'il ne parla pas d'appeler la police. Mais ses principes s'y opposaient.

104

Pourtant, dans l'esprit de quelques anarchistes, la fausse monnaie constituait la panacée destinée à mettre fin à tous les maux dont souffraient les hommes. Elle devait aussi leur assurer confort, vie paisible, possibilités de propagande. Quelques-uns, à la vérité, y réussirent. Ils surent conquérir cette vie confortable qu'ils rêvaient, Seulement ce fut l'Etat et ses gardiens de prison qui s'en chargèrent.

Mais étaient-ce là les seules formes d'illégalisme ?

Non. Il y avait encore le refus de payer le terme.

Les camarades mettaient leur point d'honneur à rouler le propriétaire.

Conterais-je encore une anecdote ?

Un matin un brave propriétaire, flanqué de son concierge, se présente chez son locataire, anarchiste connu, et, prétendait-on dans le voisinage, assez dangereux.

— Vous désirez ? demanda le locataire.

— Monsieur... excusez-moi... Je viens pour le terme.

— Le terme... Ah bon... j'y suis.

L'anarchiste fait mine de se recueillir, puis il s'empare d'un dictionnaire et se met à lire :

— Terme... ah ! ah !... figure d'homme dont la partie inférieure se termine par une gaine...

Et souriant :

— Avez-vous une gaine ?

— Mais, monsieur, proteste le propriétaire.

— Attendez, attendez, fait l'autre imperturbable.
nous disons donc : Terme.., Dieu chez les Ro-
mains... Viendriez-vous chercher un Dieu ici ?

— Monsieur, dit le propriétaire impatient, je ne
veux pas autre chose que toucher mon loyer.

— Votre loyer... que ne le disiez-vous... vous
êtes donc le propriétaire. Eh bien ! monsieur, as-
seyez-vous, je vais vous démontrer, clair comme
le jour, que la propriété c'est le vol...

— Mais...

— Taisez-vous !... Et, durant un quart d'heure,
l'anarchiste lui infligea une démonstration à l'aide
de citations et de syllogismes. Le propriétaire,
excédé, lâcha pied. Il dit au concierge :

— Laissons-le... C'est un fou... Mais c'est un
savant.

Juste ce que le comte de Guiches disait de Cy-
rano.

On pourrait conter aussi l'histoire d'un autre
illégaliste qui mit son revolver sous le nez d'un
huissier et le tint à sa merci pendant que les camarades déménageaient ses meubles. Mais de tels
faits étaient alors plutôt rares. A peine si le browning tentait son apparition. Cependant, chaque
anarchiste tenait à honneur d'en posséder un
qu'il caressait de temps en temps dans sa poche.

Il y eut un petit anarchiste de seize ans, sorte
de gavroche conquis à l'illégalisme, qui se sur-
nommait lui-même la « Terreur des épiciers ». Ce
petit bonhomme avait juré de ne pas tomber dans
les mains des policiers qui le soupçonnaient et l'in-

quiétaient. Il acheta une demi-douzaine de revolvers (acheter c'est une façon de dire), les bourra
de cartouches et attendit l'heure fatale.

Hélas ! un beau matin, il eut l'idée malencon-
treuse de se baigner dans la Marne. Les policiers
survinrent, s'emparèrent de ses vêtements, et le
malheureux baigneur se vit cueillir sans pouvoir
opposer la moindre résistance.

Telles étaient les mœurs des premiers « illégalistes ». La farce, cependant, ne devait pas durer.
La tragédie allait venir.

XI

A ROMAINVILLE

Le fondateur de l'*Anarchie* et des *Causeries populaires* disparut un jour, à la suite d'événements
qui seraient trop longs à rapporter et, d'ailleurs,
un peu en dehors de l'histoire qui nous préoccupe.
Les uns dirent qu'il avait été tué par la police,
sauvagement sur les marches de l'escalier qui
menait à sa maison, rue du Chevalier-de-la-Barre
d'autres prétendirent qu'il mourut des suites d'une
rixe violente entre camarades dressés les uns
contre les autres. Mais Libertad parti, le journal
l'*Anarchie* passa entre les mains de Lorulot et fut
transporté à Romainville. Là-bas, de grands
locaux situés au milieu des jardins servaient de
bureaux. Les anarchistes avaient installé un atelier
de typographie, une machine à impression, plus
une cuisine et plusieurs chambres à coucher, assez
indépendantes les unes des autres.

Sur les murs du deuxième étage, on pouvait
lire des inscriptions tout à fait significatives : *Ce*

*que tu es, soi-le pleinement, pas à demi (Ibsen).
Le soleil ne donne la vie qu'à ceux en qui elle a
déjà germé (Tolstoï). Vivre d'abord et quand
même. Sois ton meilleur ami s'il s'agit de vivre.*
(Anonyme). *Les hommes passent la moitié de leur
temps à se forger des chaines, l'autre moitié à se
plaindre de les porter* (Mirbeau). Etc... etc...

Au premier étage, sur la porte de la bibliothèque
cet avertissement :

*Paresseux, filous, clochards, puants, ambitieux,
snobs, hystériques, savantasses, raseurs de tous
mondes ne franchissez pas cette porte. La mort
vous attend !*

Tout au bout des jardins, contre un mur épais
on avait établi un tir à l'usage des amateurs et que
les voisins curieux contemplaient de leurs fenêtres.
Le premier venu pouvait s'en servir. Mais ce
malheureux tir de Romainville fut longuement ex-
ploité, plus tard, contre les accusés, dans le procès
des bandits tragiques.

Le journal était composé puis tiré par une
équipe de camarades pleins d'ardeur, mais plus
ou moins typographes, plus ou moins imprimeurs.
Ils s'en tiraient tout de même. Ils s'y mettaient à
quatorze ou quinze et, outre le journal, confec-
tionnaient des brochures qu'ils allaient vendre
dans les meetings, organisaient un service de
librairie, se procuraient par tous les moyens, les
ressources nécessaires à la petite colonie. Enfin,
dans le jardin, ils s'occupaient d'élevage de lapins,
de poules, de canards.

109

Tout cela n'était pas très dangereux. Cette tanière installée à deux pas de Paris ne paraissait point redoutable.

Parmi ceux qui se retrouvaient fidèlement aux réunions organisées là, particulièrement l'été, on rencontrait des jeunes gens qui répondaient aux noms de Callemin, de Garnier, de Carouy, tous les trois déjà de vieux amis, ayant vécu ensemble à Bruxelles. Ils arrivèrent à la colonie à l'époque où s'épanouissaient les théories illégalistes. Ils finirent par s'installer complètement. Callemin composait à l'atelier, Carouy tournait la machine, Garnier jardinait.

Le trio était inséparable. Et, pourtant, ils différaient essentiellement l'un de l'autre, de goûts, de tempéraments, d'éducation. Ce qui ne les empêchait nullement de discuter avec âpreté sur l'individualisme, la reprise individuelle, la fausse monnaie, etc...

Cela vint à un point que l'illégalisme aboutit à à une sorte de sectarisme. Ce fut comme un article de foi.

Et, dans cette atmosphère particulière, il ne faisait pas toujours bon de soutenir un avis opposé à celui des autres. Kibaltchiche dit le Rétif, ami de Mme Rirette Maîtrejean, en sut quelque chose pour son compte. Déjà il se dressait contre ce courant d'idées et de méthodes qu'il estimait dangereux et pernicieux. Un soir de juillet 1911, au cours d'une conférence sur l'illégalisme dans une salle de la rue Ordener, Kibaltchiche protesta à la tribune, expliquant que les prisons regorgeaient d'anarchistes et que cela était dû à toute l'agitation folle qu'on créait ; il ajoutait que si chaque individu demeurait libre de vivre à son gré, du moins ne fallait-il pas transformer certains moyens d'action en but et en idéal.

Garnier se dressa alors et, dans la salle déjà houleuse, lui cria :

— Vendu !

Carouy, lui, tendit un poing menaçant. Quant à Callemin, il assura les camarades que Kibaltchiche était un bourgeois timoré (on ne disait pas encore petit bourgeois), une sorte d'aristocrate rêveur qui restait incapable de se défaire de ses tares, de son éducation, de son hérédité et qu'en somme, il convenait de ne pas le prendre au sérieux.

Car Callemin, surnommé Raymond la Science, était le véritable théoricien de la bande. Il avait lu énormément. Son intelligence très vive lui permettait de s'assimiler rapidement à peu près tout ce qui lui tombait sous les yeux. Malgré cela, il demeurait un primaire indécrottable. C'est ce qui explique que certaines lectures peuvent agir désastreusement sur un esprit. Il manquait, de plus, de méthode et, parfois, faisait montre de partis pris exaspérants, surtout sur des sujets qu'il connaissait très imparfaitement.

Rirette Maîtrejean, qui écrivit, voici quelques années, une poignée de souvenirs sur les bandits avec lesquels elle vécut longtemps, nous a raconté comment Callemin concevait son métier de typographe Elle était chargée de la correction du journal et, d'ordinaire, revoyait la copie avant de la donner à la composition. Un jour, elle tomba sur un article de Lorulot qui contenait cette phrase :

« *Les tabagiques, les opiomanes, les morphino-manes et les baudelairiens sont tous des idiots.* »

Elle bondit sous l'outrage infligé — et cela bien avant notre confrère Clément Vautel — à un poète qu'elle aimait. Elle alla trouver l'auteur.

— As-tu lu Baudelaire ? questionna-t-elle.

— Jamais de la vie ! répondit Lorulot, je n'ai pas de temps à perdre.

— Alors tu condamnes un auteur sans l'avoir lu ?

Lorulot réfléchit un instant.

— C'est vrai, fit-il, tu as peut-être raison. Je vais retirer le mot.

Ainsi fut fait. Le journal parut. En relisant l'article, Rirette ne fut pas peu surprise d'y retrouver le terme qu'elle avait fait supprimer. C'était le typo Callemin qui l'avait rétabli..

— Pourquoi donc as-tu remis ce mot-là ? demanda Rirette.

— Parce que, répliqua Callemin brutal et péremptoire, si ce n'est plus l'avis de Lorulot, c'est toujours le mien.

Et il eut un geste qui voulait indiquer qu'il n'admettait pas de réplique.

Callemin était petit de taille, mais robuste. Il se montrait d'une propreté méticuleuse. Il vivait

ALBERT LIBERTAD.

1. Le Président Couinaud. — 2. La mère de Dieudonné.
3. Caby. — 4. Rirette Maitrejean.

seul. Il professait pour la science un amour exclusif, et pour les femmes un dédain supérieur. Mais il cachait, tout au fond de lui-même, une cruelle blessure. Ceux qui le connaissaient bien le savaient tendre et sentimental et il leur arrivait de le taquiner à propos d'une aventure d'amour, tout un roman vécu à Bruxelles.

A la Bibliothèque Royale qu'il fréquentait assidûment, le jeune Raymond avait fait la connaissance d'une étudiante russe. Ils ne tardèrent pas à s'aimer. Mais c'était d'un amour assez platonique. Il y eut entre eux, beaucoup plus commerce d'idées que promenades au clair de lune. Cela dura quelque temps. Puis, la petite étudiante russe dut repartir pour Moscou. Alors Callemin fut désespéré. Il se montra inconsolable. Lui, le scientifique, pleurait comme le premier amant venu et, circonstance aggravante, il se livrait à la poésie rimant des strophes à l'adorée. Mais, à Paris, il prétendait s'être cuirassé contre ce qu'il considérait comme des faiblesses indignes d'un véritable anarchiste. Et, là encore, le malheureux s'abusait.

Après l'attentat de la rue Ordener, il se trouvait presque sans argent, sans domicile, sachant que sa tête était promise au bourreau. Il avait quelque peu perdu de sa superbe et l'intraitable Raymond la Science commençait à faire des concessions à ses principes rigoureux. Une femme passa. Elle excusa et comprit tout. Elle fit mieux. Elle le glorifia.

Conquis, le misogyne Callemin se rendit, avec
armes et bagages. Et ce fut l'idylle, brève, parmi
les heurts, les dangers, les menaces, les poursuites
toute l'existence de la bête traquée. La science
était reléguée au second plan. Les deux amoureux
se mirent à courir, chaque soir, les concerts clas-
siques, bras dessus, bras dessous. Cela au moment
où la police, sur les dents, cherchait partout les
assassins du garçon de recettes Caby.

Après quoi ils remontaient la rue de la Tour-
d'Auvergne où Callemin, provisoirement, s'abri-
tait chez son camarade Jourdan. Que de rêves d'a-
venir ne furent pas ébauchés, en ces heures sinis-
tres, par ce bandit si faible et si douloureux et sa
maîtresse enthousiaste ! Ils en arrivaient à oublier.

Mais, un soir, Callemin s'aperçut qu'il était
suivi.

— Il y a un homme qui se traîne derrière nous,
dit-il, à sa maîtresse. Ce type-là m'embête.

Elle se mit à rire.

— Ne t'inquiète donc pas. Ce type-là, je l'ai déjà
repéré... Un suiveur de jupons. C'est sûrement
moi qu'il suit.

— A moins que ce ne soit un policier.

— Penses-tu ! il est trop bien chaussé...

Callemin se sentit un peu rassuré.

Il quitta sa maîtresse, comme d'habitude, à la
porte de l'immeuble qu'habitait Jourdan.

Le lendemain matin, il était arrêté.

Cette arrestation s'accomplit dans de telles conditions qu'il n'y vit que du feu.

114

Mais, peu après, conduit à la Sûreté, son attention fut attirée par un homme qui se tenait dans
le bureau. Il l'observa. Puis il se dit :

— J'ai vu cette tête-là quelque part.

Mais où ?

A force de chercher, la lumière se fit en lui. Pas
de doute. C'était lui, l'homme qui les suivait depuis quelques jours. Il se pencha vers un agent.

— Quel est donc ce monsieur ?

— Ce monsieur, répondit l'agent, c'est M. Jouin,
le sous-chef de la Sûreté.

Le malheureux Callemin n'en revenait pas.
Plus tard, aux Assises, lors d'une suspension
d'audience, il racontait la chose à ses camarades.
Et il ajoutait candide :

— Ne trouvez-vous pas cela extraordinaire ?...
Et pourtant !... ELLE était insoupçonnable.

Peut-être. Mais ELLE était tout de même, volontairement ou non, la cause directe de l'arrestation de son amant. Car les policiers savent
comment on remonte aux hommes..,. par la
femme.

* *

Carouy, lui, était un mélange de sentiments et
d'instincts tous plus excessifs les uns que les autres. Il avait un aspect plutôt vulgaire. Tête carrée,
cheveux plantés dru, moustache épaisse, des
yeux fureteurs, quelque peu sournois, avec ça les
bras courts, de même que les jambes, et des mains
larges, énormes. Peu d'instruction. Intelligence

plutôt au-dessous de la moyenne. Les auteurs goûtés par son ami Callemin, tels que Le Dantec ou Stirner, lui apparaissaient hérissés de difficultés. Malgré tout, il s'acharnait à comprendre et à apprendre ; il y mettait même une ténacité touchante.

Il parlait avec peine, sans facilité sans agrément mais toujours sur un ton d'extrême politesse. Autre détail curieux : son avarice atteignait de telles proportions qu'elle était devenue légendaire dans les milieux qu'il hantait.

Néanmoins, on connaissait et l'on citait de lui quelques traits admirables.

A l'époque où il travaillait à Bruxelles, Carouy subvenait, tant bien que mal, à ses besoins et à ceux de sa mère. Il était, alors, dévoré par l'idée fixe, persistante, d'acheter aux marchands des oiseaux que, trois secondes après, il laissait envoler, les rendant à la liberté. Le plus clair de ses économies se fondait à ce jeu.

Aux Assises, il apparut comme l'une des physionomies les plus énergiques et les plus captivantes. C'était un tempérament. Le procès terminé, dans l'isolement de sa cellule, il trouva le moyen, à deux pas de ses gardiens qui le surveillaient étroitement de se donner la mort avec du cyanure de potassium. Comment se le procura-t-il ? On ne le sut jamais. Et il n'était pas le seul à posséder la drogue libératrice. Mais il fut le seul à oser s'en servir. Les autres attendirent.

Il disparut sans laisser une lettre, sans un mot,

sans un adieu, sans la plus petite manifestation.
S'était-il jugé lui-même et condamné. Mystère
d'une âme farouche. Mais tous ceux qui l'avaient
connu ne furent pas surpris de cette mort. Elle
apparut comme un dénouement fatal, logique, naturel.

Soudy, l'homme à la carabine, était le type par-
fait, idéal, du « Pas de chance » en même temps
que le gavroche incurable.

A onze ans à peine, ce lamentable gamin se
voyait obligé de gagner sa triste existence en qualité de garçon épicier. L'enfance abandonnée,
l'absence de soins, d'éducation, de tendresse familiale expliquent et excusent bien des choses.
Soudy, livré à lui-même, sans appui, se donna
promptement aux idées de révolte. Affilié au Syndicat de l'Epicerie, il commença par récolter un
mois de prison pour distribution de tracts, au
cours d'une grève. On ne sait jamais ce que peuvent entraîner de redoutable, des condamnations
de ce genre dont de tout jeunes gens tombent
victimes. Puis il cueillit encore trois mois.

Ces condamnations l'ulcérèrent profondément.

Pendant près de deux années, le jeune Soudy
avait vécu avec une cousine qu'il adorait ? Un
soir, elle partit. Elle allait se jeter dans la noce.
Eternelle histoire. Il pleura toute une année,
inconsolable. Puis, brusquement, une nuit, à
Montmartre, il se trouva nez à nez avec elle.
L'idylle reprit quelque temps.

Mais elle fut prompte. Elle fila comme un

éclair. Et Soudy entra à l'hôpital Saint-Louis, affreusement malade et, pensait-il, guéri de ses illusions.

Tristes débuts dans l'existence.

Il lui arrivait souvent d'affirmer :

— Que voulez-vous, j'ai la guigne. J'écope toujours.

Il disait cela avec l'accent et la tristesse goguenarde de Pierrot résigné.

Pendant son séjour à l'hôpital, il avait abandonné sa chambre à un ami, l'invitant à en user à sa guise. L'ami fut, certain jour, surpris en flagrant délit de vol de bicyclette. On l'arrêta. On l'interrogea. On s'enquit de son domicile. Cela conduisit à une perquisition dans la chambre de Soudy qui n'en pouvait mais, et l'on découvrit quelques boîtes de sardines acquises selon les bonnes méthodes ; plus — circonstance aggravante — un trousseau de fausses clefs et une pince-monseigneur. Du coup, on s'inquiéta de Soudy, complice présumé. Des camarades, au courant de cette affaire, songèrent à l'enlever de l'hôpital. On rassembla des copains qui réunirent quelque argent et l'on chargea l'un d'entre eux de le porter à Soudy. L'émissaire garda l'argent dans sa poche.

Soudy fut enlevé, mais par la police. On le transporta à la Santé. Son « recel » paraissait établi. Coût : huit mois de prison. Pas de chance !

Pendant ces huit mois, il dépérit affreusement. Il sortit de prison, phtisique.

Il en sortit aussi, le cœur plein de haine, décidé à toutes les révoltes.

Rirette Maîtrejean nourrissait pour cette triste épave une tendresse de grande sœur. Elle réussit, avec beaucoup de peine, à le faire entrer au sanatorium de Brévannes. Mais il y demeura quelque temps à peine. Il revint à Paris, déclarant en riant qu'il avait divorcé avec ses infirmiers pour incompatibilité d'humeur.

Il était, en effet, demeuré gamin. L'auteur de cet avant-propos, qui a connu quelques-uns des personnages de ce récit, heurtait quelquefois l'anarchiste Soudy dans les réunions publiques. Il se souvient d'un meeting, hôtel des Sociétés Savantes, où des hommes politiques notoires et des professeurs prenaient la parole. Il était placé au premier étage, au fond de la salle. Un vieux monsieur pérorait depuis quelques instants, lorsqu'une voix aiguë s'éleva à côté de lui, lançant dans le silence :

— Vous êtes une bille (1) !

C'était Soudy qui manifestait son opinion. La salle se mit à rire. L'orateur, interloqué, s'interrompit un instant, puis précipita sa péroraison.

Un deuxième orateur prit sa place.

Il venait à peine de débuter lorsque la même voix aiguë fit entendre :

— Vous êtes une deuxième bille.

1. Bille : mot d'argot, peu usité aujourd'hui, qui signifie : imbécile, crétin, ballot...

Hilarité dans l'auditoire. Toutes les têtes étaient tournées vers l'interrupteur, au premier étage. L'orateur conclut rapidement.

Troisième orateur. Le public, amusé, regarde vers le haut, attendant. Tout à coup :

— Vous êtes une troisième bille.

Alors ce fut une tempête de rires. Tous répétaient :

— Bille... Vous êtes une bille...

L'orateur ne put terminer.

Mais Soudy était aussi profondément sentimental.

Rue Fessart, où il fréquentait volontiers, il trouvait dans M⁰ᵉ Maîtrejean et Kibaltchiche, des amis sûrs. Il s'était pris, surtout, d'une grande tendresse pour les deux petites filles de Rirette et pour le petit garçon, Pierrot. Son plus grand plaisir était de les promener aux Buttes-Chaumont, toutes proches. Il les veillait, les soignait, avec des attentions de mère. Comme il se savait contaminé par un horrible mal, il prenait la précaution de leur faire servir les gâteaux qu'il achetait par la marchande.

Tel était le pauvre diable qui devait devenir un monstrueux, sanguinaire, infernal bandit.

Les trois gosses d'ailleurs l'adoraient. Ils l'accueillaient avec des démonstrations bruyantes, des cris de joie. Ils l'appelaient « Le Bécamelle ».

Et le petit Bécamelle riait, riait, tout heureux de la joie qu'il provoquait.

Il était serviable à l'excès. On pouvait le taper.
Soudy ne refusait jamais, ne sachant pas refuser.
Il entrait, aux yeux de bien des camarades, dans
la catégorie des poires. Mais aucune ingratitude
ne le rebutait.

Il était très doux, très pacifique, professait
l'horreur des bagarres, fuyait les violences.
Aussi, quand on apprit le rôle qu'on lui attri-
buait dans l'affaire de Chantilly, la stupéfaction
fut-elle prodigieuse parmi ses intimes. Lui, Soudy ! Ce n'était pas possible. Par quelle aberration,
à la suite de quelles circonstances avait-il pu se
laisser entraîner jusque-là ?

Non, vraiment, on ne voyait pas le petit Bécamelle tirant sur les passants. On apprit, du reste,
qu'il les avait tous ratés. On apprit aussi qu'à
peine remonté dans l'automobile il s'était évanoui. Son attitude demeurait inexplicable. Quelques-uns pensaient que l'infortuné « Pas · de
chance », une fois encore s'était laissé faire, qu'il
avait accepté de rendre service à des amis, qu'il
n'avait pas osé refuser le concours qu'on lui réclamait.

* *
*

Voyons un autre de ces bandits :
Valet.
Un soir, dans un petit local de la rue de la
Montagne-Sainte-Geneviève, les anarchistes don-
naient une petite fête, avec chants, musique, réci-
tations, ce qu'ils appelaient « soirée familiale ».

On vit entrer, dans la salle, un personnage
inconnu. Visage long et osseux, aux poils roux,
à la bouche crispée et douloureuse. Véritable
évocation de Poil-de-Carotte. Il demanda à lire
quelques pages. Et ce qu'il lut, c'était de l'Anatole France de derrière les fagots. Puis il récita
des poésies de Jehan Rictus : *L'Hiver*, *Le Piège*,
Le Revenant...

C'était la deuxième ou troisième fois qu'il osait
entrer dans cette salle. Il semblait terriblement
timide. Il parlait peu. On l'invita à se rendre à
Romainville à la colonie. Il répondit à peine, par
monosyllabes.

Peu à peu, pourtant, il s'amadoua, prit part
aux discussions. Alors il s'animait. Son masque
se révélait brutal, tragique même. En le poussant,
on le devinait instruit, beaucoup plus instruit que
la plupart des habitués de l'*Anarchie* et d'une éducation différente.

Il a joué un rôle assez effacé dans l'histoire des
bandits et, sans la lutte qu'il soutint à côté de
Garnier toute une nuit, on l'aurait considéré
comme un comparse sans grand intérêt. C'était,
cependant, une des physionomies les plus atta-
chantes de ce milieu bizarre où toutes les mons-
truosités se coudoyaient, où le grotesque se
mêlait au sublime (le mot n'est pas trop fort).
Et, parmi bien des intelligences remarquables
qui se réunissaient dans les locaux d'un petit
journal anarchiste, Valet trouvait le moyen de
s'imposer.

122

Son courage, enfin, dépassait tout ce qu'on peut imaginer. Le courage est monnaie courante chez chez les anarchistes. Il en est même qui ont la superstition du courage et qui tenteraient les pires folies pour ne pas risquer l'accusation infâmante de « dégonflage ». Ceci devait être dit dans ce chapitre où nous nous essayons à définir un peu la psychologie étrange et compliquée des anarchistes illégalistes.

Et pour être reconnu, acclamé, dans un tel monde, pour apparaître comme un audacieux entre les audacieux, il fallait vraiment que le jeune Valet fût l'intrépidité même.

Avec un tempérament semblable et l'acquiescement aux idées illégalistes, Valet devait, tout naturellement, aller où il est allé, c'est-à-dire à la révolte, au crime et à la résistance folle de Nogent-sur-Marne.

Ce fut, vraisemblablement, Garnier, qui l'initia et l'entraîna.

Mais, avant de se jeter tête perdue dans l'anarchisme, Valet avait adopté les idées socialistes-révolutionnaires. On le rencontrait dans les groupes d'études et d'action. C'était un être d'une extrême sensibilité.

Son enfance, écoulée au sein d'une famille relativement aisée, fut assez triste par la suite, son père se voyant acculé à la gêne et risquant la faillite.

Que de fois, ne vit-il pas sur le visage des siens, la tristesse qui les accablait ? Il fut, peut-être, celui de toute la famille qui souffrit le plus des injustices dont le père était victime et dont les effets désastreux rejaillissaient sur tous.

Plus il avançait en âge, confia plus tard le père, plus il devenait ardent.

Vint l'heure du service militaire. Le jeune Valet n'attendit point. Il passa en Belgique. C'est là qu'il connut Garnier. Puis, revenu à Paris, il adhéra à la « Jeunesse Révolutionnaire ». Ce groupement disparu, que fit-il ? Que devint-il ?... Romainville, l'illégalisme et la sombre bagarre !... On ne devait plus le revoir.

.*.

Garnier. Celui-là était adoré de sa mère qui le guida jusqu'à l'âge de vingt ans. Il travaillait avec assiduité au grand contentement de ses employeurs ? Il se montrait plein de tendresse. Il disait souvent à sa mère : « Tu verras, maman, comme tu seras heureuse ! Tu sais que le travail ne me fait pas peur ».

Comment a-t-il pu glisser jusqu'au crime et finir odieusement, lamentablement, ainsi qu'une bête traquée ?

Les premiers déboires vinrent avec la propagande syndicale. Le jeune Garnier, aux côtés de son beau-père, militait avec ardeur. Il en résulta que l'embauche devint de plus en plus difficile. Premières révoltes. La gêne s'installa au logis. Le jeune homme serrait les poings et méditait farouchement.

Au moment de partir pour la caserne, il préféra filer en Belgique. Une existence nouvelle commença pour lui, semée de misère et de douleur, dans l'abandon moral et le dénuement.

La mère, cependant, pleurait son fils envolé. Un jour, elle n'y tint plus. Elle prit le train pour Bruxelles. Hélas ! l'enfant n'était plus le même. Il se répandait en menaces. Il se dressait furieusement contre l'injustice sociale. Des influences déjà, jouaient sur lui. La mère fit l'impossible pour ramener l'enfant terrible. Elle n'y réussit pas. Elle revint à Paris, désolée.

Garnier demeura là-bas, sans foyer, sans affection, guetté par toutes les misères. L'illégalisme le conquit rapidement. Toute sa raison, toute sa sensibilité sombrèrent en quelques mois. Il crut que, seul, par des moyens de violence individuelle, il pouvait s'évader de l'enfer social. Il rejeta l'idée de révolution, comme une vaste fumisterie. Il s'imagina avoir réalisé la « vie intense », alors qu'il accumulait contre lui, tous les périls et toutes les catastrophes. Il ne vit point le gouffre qui, chaque jour, se creusait plus profondément sous ses pas.

Transplanté dans un autre milieu, dégagé des influences pernicieuses qui s'exerçaient sur eux, que n'auraient pu tenter de tels hommes, qui, tous, ont suivi la même évolution, tous, les Soudy, les Callemin, les Carouy, les Valet, les Garnier, à l'exception peut-être du seul Bonnot dont on ne connut pas grand'chose et qui demeura un peu en dehors des milieux anarchistes (1). Car, il ne faut pas craindre de le dire, c'étaient au début, des âmes sensibles qu'irritait le spectacle quotidien des iniquités et des souffrances, et des âmes supérieurement trempées. Ils ont fait le mal, ce qu'on appelle le mal, par défaut de jugement.

Des malfaiteurs, certes Des bandits, c'est entendu. Mais convenons-en aussi, surtout et avant tout, des fous et des victimes,

*
* *

Mme Rirette Maîtrejean, qui vécut au centre de l'illégalisme et put en observer les développements, a publié jadis des mémoires qui ne manquent pas d'intérêt. On y cueille des anecdotes

1. Bonnot, en effet, était ignoré des anarchistes de Paris. Il s'était échappé de Lyon, en auto, à la suite d'un vol. Le hasard le conduisit parmi les théoriciens de l'illégalisme. Un ami lui avait recommandé de voir Dieudonné qui raconte ainsi la première entrevue qu'il eut avec lui :

« J'aperçois un homme de taille moyenne, fort bien mis, avec simplicité et goût. Il vient vers moi, la main tendue. Il est accompagné d'un camarade du groupe libertaire qui me connaît. Ne sachant qui il est, je demeure un peu perplexe.

« Il se nomme. C'est Jules Bonnot.

« Jules Bonnot, un nom quelconque. Un inconnu.

« — Veux-tu venir te promener, m'invite-t-il. Je préfère être seul avec toi pour causer... »

Dehors, Bonnot demande à Dieudonné si, le cas échéant, il voudrait bien lui donner l'hospitalité. Dieudonné répond affirmativement. Mais les jours suivants, il l'interroge avec plus de précision :

« Il me demande alors si dans mes relations, Fromentin (l'anarchiste millionnaire) par exemple, je ne connaîtrais pas des affaires pour lui. C'était, je me rappelle, sur le boulevard Magenta, relativement désert à cette heure tar-

126

fort suggestives et qui expliquent mieux que toutes les phrases l'âme des bandits.

C'était un peu après l'attentat de la rue Ordener. On ne connaissait pas encore ceux que l'opinion publique considérait comme des bandits sanguinaires et que l'anarchiste Kibaltchiche qualifiait de « gamins féroces ». Dans les milieux anarchistes, même, on n'en savait pas davantage. On se disait, simplement, qu'il s'agissait d'illégalistes. Mais lesquels ?

Le journal l'*Anarchie* était alors installé rue Fessart. Les beaux jours de Romainville s'évanouissaient dans le passé.

dive de la nuit. Je m'arrêtai sous une lampe à arc, et lui dis, en le regardant dans les yeux :

« — Bonnot, c'est donc pour cela que tu es venu. Or apprend que Fromentin n'est pas du tout un illégal. Il s'en fout. Anarchiste idéaliste comme Reclus, il a toutes ses relations dans le monde artistique, littéraire, scientifique et le monde des affaires... Pour moi, je m'en tiens à ce que je t'ai dit l'autre jour de l'hospitalité. Je le ferai comme je l'ai promis. Rien de plus. »

Bonnot n'insista plus. Mais, quelques jours après, il se mélangeait aux camarades de Romainville. Il fit là la connaissance de Callemin, de Carouy, de Garnier...

Contrairement à ce qu'on affirme, Bonnot ne fut pas le véritable chef de la bande. L'animateur était Callemin dit Raymond-la-Science. Il ne fut pas davantage aussi sanguinaire qu'on l'a cru. Mais il voulait de l'argent, vite et par tous les moyens. Il se souciait fort peu des théories anarchistes. Son rêve était de se retirer à la campagne, avec sa maîtresse, après fortune faite.

Mais c'était un individu d'une indomptable énergie, soulevé par l'instinct de la révolte. Chose curieuse : il avait, poussée jusqu'au paroxysme, la haine du policier. Cela venait de ce qu'un jour, les agents l'avaient durement passé à tabac. Il ne pouvait apercevoir un « flic » sans avoir la tentation de se jeter sur lui, et l'on dut, plus d'une fois, le retenir pour l'empêcher de faire des sottises.

Kibaltchiche et son amie Rirette assuraient la
parution du journal. Et tous deux s'interro-
geaient à propos de l'assassinat du garçon de recettes Caby.

Kibaltchiche laissa tomber un nom. Sa compagne protesta énergiquement.

— Il est assez fou pour cela, assura Kilbaltchi-
che froidement.

Mais ce nom n'était pas le seul à trouver. Quels
pouvaient être les complices ? Ils étaient si nombreux, les malheureux illuminés qui prétendaient
vouloir « vivre leur vie », et qui demandaient tout
aux pratiques illégalistes.

Plusieurs jours s'écoulèrent sans que les camarades fussent mieux renseignés.

Un soir, vers les neuf heures, Kibaltchiche et
Mme Maîtrejean se trouvaient dans leur salle à
manger. Un léger grattement se fit entendre, timide, comme honteux. Puis trois petits coups.

Quels étaient ces visiteurs ? Et quelle singulière façon de s'annoncer dans une maison
qu'on savait librement ouverte et accueillante à
tous.

Les enfants, couchés, dormaient tranquillement.
Kibaltchiche dit :

— Allez ouvrir.

Rirette se leva, un peu nerveuse et, d'un mouvement brusque, tira la porte à elle. Une double
exclamation à l'intérieur :

— Eux !... Eux !...

Dans l'encadrement de la porte, deux silhouettes

128

se faufilaient. L'une, petite, massive ; l'autre,
mince et haute :

— Garnier !... Callemin !...

Ils ne disaient pas un mot. Ils se tenaient là,
muets, immobiles, attendant... Ils sentaient la
fatigue, le découragement, le désespoir. Leurs
habits étaient fripés, leurs chaussures poussié-
reuses. Et les yeux obstinément baissés, ils semblaient ne point voir.

— Eux !... Eux !...

Ah ! Il n'y avait pas de doute. Ils étaient les
auteurs ou les complices de l'attentat. Et, traqués maintenant, fuyant la police, ils venaient
instinctivement chercher refuge chez de vieux
camarades.

— Entrez donc, dit Kibaltchiche, doucement.

Ils entrèrent. Rirette intervint.

— Ne restons pas dans la salle à manger.
Nous pourrions être dérangés par d'autres visiteurs.

Kibaltchiche prit une lampe et conduisit ses
deux hôtes tout au fond de l'appartement, dans
la chambre à coucher. Un large feu brûlait dans
la cheminée. La salle, assez vaste, se meublait
d'un lit de milieu, un lit-cage, une chaise longue,
une table à thé et une grande bibliothèque. Des
vases, un peu partout, avec des fleurs. Et une
lumière très douce, tamisée par l'abat-jour de la
lampe, tombait sur cette intimité.

— Il fait bon ici, dit Garnier.

— Chut... fit Kibaltchiche. Et, du doigt il montrait les deux fillettes qui, dans le lit-cage, dormaient paisiblement.

— Ah ! prononça Garnier, simplement.

Et, avec précaution, évitant le moindre bruit, les deux hommes retirèrent leur pardessus, enlevèrent leurs chapeaux qu'ils déposèrent sur le pied du lit des enfants. Garnier s'assit à côté sur le même lit. Callemin prit place sur la chaise-longue à côté de Rirette, Kibaltchiche demeura debout, devant le bureau.

Les deux hommes, les coudes aux genoux, les mains croisées, repliés sur eux-mêmes, méditaient.

A quoi songeaient-ils ? Peut-être à rien.

Peut-être goûtaient-ils la joie du repos, la quiétude morale, après tant d'angoisses.

Il y eut un lourd silence.

Le premier, Kibaltchiche prit la parole :

— Alors vous voilà revenus ?

Callemin eut un pâle sourire. Il sortit son mouchoir de sa poche pour essuyer les verres de son lorgnon et répondit ce seul mot, laconiquement :

— Oui.

Kibaltchiche insista.

— Alors, c'est vous ?

— Oui, dit aussi Garnier, l'œil sombre.

D'une voix sourde, hésitante, qu'il voilait pour ne pas éveiller les enfants, Raymond la Science commença.

— Depuis trois jours, nous menons une existence abominable, intolérable. Nous ne voulions pas nous rendre chez les copains pour ne point les compromettre. Mais, aujourd'hui, nous sommes à bout de force.

Il faisait pitié. Sa morgue d'antan, la superbe qu'il montrait dans les discussions, l'avaient entièrement abandonné. Ce n'était plus qu'un pauvre homme, une épave d'humanité, qui se sentait perdu, condamné...

Un petit enfant, un triste petit enfant qui cherchait aide, réconfort, protection.

Garnier, toujours sombre, ne disait rien.

— Vous avez peut-être faim ? Voulez-vous manger ?

— Non, répondit Callemin. Mais je prendrais bien une tasse de thé.

— Et moi un peu de café, dit Garnier.

Les deux boissons furent vivement prêtes. A pas feutrés, avec des gestes lents, Rirette servit les deux hommes.

Une angoisse étreignait le cœur de Kibaltchiche qui savait la maison entourée de policiers. Malgré tout, il s'efforça de se montrer gai.

— Eh bien ! Raymond, voilà que tu transiges avec les principes. Et toi, Octave ? Vous buvez du thé, du café. J'ai bien peur que vous ne soyez amenés à d'autres concessions.

— Si on nous en laisse le temps.

C'est Callemin qui a répliqué. Et son visage est devenu dur.

Mais Garnier sort brusquement de son mutisme.

— Quelle sotte histoire ! Quelle imbécillité !
Nous étions partis pour une autre affaire, de tout
repos, celle-là. Malheureusement, elle a raté.
Alors Bonnot nous a dit : « N... de D... ! nous
n'allons pourtant pas rentrer bredouilles ! » Et il
nous a conduits rue Ordener. Depuis quelques
jours, il avait tout repéré. Il possédait le bon
tuyau.

Callemin interrompit :

— Malheureusement, rien ne s'est passé comme
nous l'avions prévu.

Soudain, Garnier explose :]

— Ah ! cette foule sauvage, cette foule féroce
qui nous faisait la chasse... Qu'est-ce que ça pouvait bien leur faire à tous ces imbéciles, que nous
nous « expliquions » avec un garçon de recettes.
Si j'avais pu, je crois que j'aurais tué tout le quartier.

Les autres écoutent silencieusement. Kibaltchiche rêve. Puis il lève la tête, tristement ; il
interroge :

— Comment en êtes-vous venus là ?

Callemin répond :

— On en avait assez. Nous ne pouvions plus
vivre comme ça. On était fatigué des théories, des
principes, des axiomes, des syllogismes... Le
bonheur espéré se faisait trop attendre. Nous
avons voulu le conquérir, d'un seul coup, en
jouant notre chance.

Il dit ces choses avec un accent douloureux,
d'une voix triste où l'on sent passer toute une

souffrance. C'est comme la prière d'un gosse qui quémande un peu de compassion. Il semble qu'il veut se faire bercer.

On le sent malheureux, désemparé. Il ne sait plus, il ne voit plus clair dans ses idées, lui, le logicien implacable.

D'autant que le coup de la rue Ordener s'est avéré un fiasco lamentable.

— Tout est à recommencer, murmure Garnier.

— Si nous avons le temps ! prononce Callemin. Ça fait la deuxième fois qu'il manifeste ses doutes.

Cependant, l'inquiétude ronge Mme Maîtrejean. Elle songe aux policiers qui rôdent dans les environs. Elle sait la maison étroitement, rigoureusement surveillée. Le danger plane sur elle et les siens.

Elle interroge :

— Pourquoi êtes-vous venus ici ? Vous vous jetez dans la gueule du loup.

— Peuh ! réplique Callemin, un peu plus tôt, un peu plus tard... Depuis dix jours, nous nous sentons traqués, poursuivis... le souffle chaud des chiens de chasse est sur nos nuques. J'ai d'ailleurs, moi, deux signes distinctifs qui permettent de m'identifier. Mon binocle dont je ne puis me passer et ma petite taille. Octave, lui, a ses yeux (ces yeux que le garçon de recettes Caby n'avait pas hésité à reconnaître et qui n'étaient pas ceux de Dieudonné) ses yeux de flamme, ses yeux de diamant noir... Comment échapper ? Fatalement nous serons pris. Et qu'importe. Nous ne prenons même pas la peine de nous camoufler.

C'était vrai, très vrai... Tous deux avaient gardé leur aspect ordinaire.

Une immense lassitude tirait, seule, leurs traits et donnait à leurs visages un air de morne désespérance.

Le silence régnait à nouveau. Les enfants dormaient toujours, innocemment, dans leur petit lit-cage. On entendait leur souffle et le rythme de leurs songes. Une torpeur envahissait tous ces êtres rassemblés.

Kibaltchiche et Rirette frissonnaient de pitié, sentaient leur cœur s'amollir. Ceux qu'ils avaient devant eux, loques pitoyables, n'étaient plus des bandits : des malheureux.

Soudain, à l'église de Belleville, un coup, un seul coup retentit. Une heure.

— Allons ! dit Garnier, il est temps !

— Déjà ! fit Callemin, avec un soupir.

— Il est temps, reprit Garnier, devenu dur... Allons-nous-en...

Ils se levèrent à regret, remirent leurs pardessus. Callemin assujettit son binocle.

Puis tous deux, l'œil aux aguets, les mains dans les poches, prêts à tout, sortirent de la maison.

Ils disparurent, fantômes avalés par l'ombre, au coin de la rue Mélingue.

Alors l'homme et la femme, Kibaltchiche et

134

Rirette Maîtrejean, poussèrent un soupir de sou-
lagement. Et Kibaltchiche dit :

— Eh bien ! voyez-vous, ma chère amie, quand
je vous soutenais que le « scientifique » Raymond était surfait et qu'il s'en imposait à lui-
même.

Il ajouta :

— J'ai l'impression que Callemin est venu ici
pour y retrouver un peu du souvenir de son ado-
lescence, alors que, sentimental et mélancolique,
il se promenait en ma compagnie, dans les rues
de Bruxelles.

Tous deux passèrent la nuit, ce qui restait de
la nuit, à méditer, chacun de son côté, sur cette
aventure inouïe. Ils songeaient à ces gosses
rageurs et narquois qui affichaient tant de mépris
pour leurs divagations, qui étaient devenus presque leurs ennemis depuis quelques mois et qui,
brusquement, en pleine catastrophe, venaient les
retrouver, se replonger parmi eux, comme au sein
de leur famille.

Rirette devait, cependant, les retrouver.

Un jour, quelqu'un lui dit :

— Callemin et Garnier ont absolument besoin
de te voir. Ils te fixent un rendez-vous, ce soir, à
six heures et demie, rue du Temple.

Elle hésita, non pour elle, mais pour eux.

Elle se sentait de plus en plus surveillée.

Mais elle eut honte de sa faiblesse. Elle se rendit à l'endroit convenu.

Ils étaient là, tous deux, plantés au coin de la rue. C'était le moment de la sortie des ateliers et des magasins, la cohue. Une foule compacte circulait autour des deux hommes sans se douter le moins du monde qu'elle coudoyait deux des féroces bandits dont les journaux contaient les exploits. Employés et ouvriers regagnaient hâtivement leur logis, sans se soucier des théories illégalistes, obéissant à l'habitude qui leur tenait lieu de nature, esclaves incurables n'ayant d'autre horizon que la servitude.

Les deux bêtes traquées paraissaient noyées dans une marée humaine.

Callemin s'avança le premier, souriant.

— Bonjour, madame Claudine, dit-il.

Garnier ajouta, chaleureusement :

— Ça, c'est gentil d'être venue.

Tous trois se prirent à bavarder, sans s'occuper de la circulation qu'ils gênaient. Un agent, paternel, débonnaire, l'agent de Crainquebille au dénouement, s'approcha du trio :

— Allons, allons !... ne restez pas là... Vous voyez bien que vous obstruez...

D'un même mouvement, à la vue du serviteur de l'autorité, Garnier et Callemin avaient mis leurs mains dans leurs poches.

— Allons, fit encore le brave agent, je vous dis de circuler !

Le pauvre diable était à cent lieues des bandits en automobile.

Garnier grogna :

— C'est bon... on s'en va...

Ils partirent. Devant un bouillon-restaurant, ils s'immobilisèrent. Garnier proposa :

— Je vous offre à dîner ?

Ils s'installèrent, dans la salle, à une table bien en vue.

C'était la seule table libre. Autour d'eux, les clients prenaient paisiblement leur repas, lisaient les journaux, têtes penchées, très attentifs.

— Cent mille francs, dit l'un, à qui livrera les bandits.

— C'est une somme, sais-tu, murmura à la table voisine, une toute jeune femme qui s'adressait à son ami.

Callemin se dressa, rayonnant :

— Une Belge, s'écria-t-il, une compatriote.

Et, redevenu gamin, exagérant l'accent, il interpella la jeune femme :

— Ça, mademoiselle, savez-vous, vous venez de dire une bonne chose. J'ai pensé, comme ça, souvent, avec vous. Moi aussi, je voudrais bien profiter avec ces cent mille francs. Mais je sais bien, savez-vous, que je n'aurai jamais ce bonheur.

Garnier se tordait.

Ils étaient devenus tout à fait fatalistes. Ils ne se cachaient plus. Ils ne se gênaient en rien. Ils allaient, droit devant eux, le nez au vent, dans la vie. Bah ! on verra bien. Après nous la fin du monde.

— On n'ose pas nous arrêter, affirmait Garnier.

— Ça peut durer longtemps, très longtemps, appuyait Callemin.

— Ça durera toujours autant que nous, conclut Garnier, avec un gros rire.

Et il réclama l'addition.

Certes, à ce moment-là, Raymond la Science et son ami Garnier n'étaient plus les mêmes hommes que l'autre soir. Ce n'étaient pas davantage les théoriciens péremptoires et violents de Romainville. Perdus, marqués pour la mort, n'ayant plus le goût de la lutte, ils attendaient l'instant fatal, inévitable, où il leur faudrait payer leur dette.

Etrange milieu que celui qui produisit de tels êtres surhumains, capables de tout le bien et de tout le mal. Etrange et déconcertant milieu, où l'on put voir des professeurs d'illégalisme tirer tranquillement leur épingle du jeu, alors que leurs élèves bouillant d'ardeur, emportés par la passion, couraient sur les routes du crime. C'était, par certains côtés, une véritable cour des Miracles où tous les ridicules, tous les travers et toutes les déchéances s'associaient. Ce fut, par instants, une formidable école d'énergie. Ce fut, aussi, hélas ! un repaire. Mais tous ceux qui ont pu s'en échapper et se refaire une vie plus normale n'ont pas tous emprunté la voie de l'illégalisme selon Garnier ou Valet ou Callemin. Il en est qui, ayant jugé et pesé la Société moderne, ont eu recours à des moyens légaux pour opérer leur redressement et accomplir leur trouée. On

138

peut en rencontrer quelques-uns de ces illégalistes d'hier, rescapés de la grande tourmente,
qui font dans le journalisme financier, dans la
publicité, dans le commerce... Il en est de même,
assez nombreux, qui travaillent, sont à la peine,
et, parfois, avec un sourire mélancolique, évo-
quent ce passé boueux et glorieux.

XII

LES MILIEUX ANARCHISTES

Pour bien comprendre les bandits, déterminer leurs mobiles, scruter leur conscience, il faudrait se pencher longuement sur les milieux anarchistes, dans la période qui va de 1900 à 1912. Le romancier qui voudra faire œuvre puissante et révéler le mal de l'époque y puisera tous les matériaux utiles. Il devra marquer la malfaisance infinie du manuel dispensant des connaissances rapides et superficielles à des cerveaux en friche. Il devra noter la redoutable influence, non pas de la science, mais du « scientisme » propagé par des ignorants et des anormaux. Que d'âmes tourmentées et tendres, qui auraient pu se réaliser en beauté, ont subi les effets de la contamination.

Soudy cueillant la syphilis sur les lèvres de la compagne adorée, n'est-ce pas tout un symbole ?

On trouvait tout là-dedans. Les milieux anarchistes ne sont fermés à personne. Nulle carte à prendre. Vous venez, vous êtes malheureux, vous êtes chez vous. De plus, le *devoir* d'asile est rigoureusement respecté. C'est à cause du *devoir* d'asile, auquel ils ne crurent pas pouvoir se dérober, que Dubois a trouvé la mort dans le hangar de Choisy-le-Roi; que Gauzy a hospitalisé Bonnot; que Dieudonné s'est vu condamner au bagne.

On trouvait tout. Des types de demi-intellectuels très studieux ; des poètes et, aussi, il faut bien le dire, des mouchards et des provocateurs. Avec ça, les « scientifiques » dont nous avons déjà parlé, pétris d'ignorance ; les malins à la recherche de « combines » quotidiennes. Bref, les échantillons d'humanité les plus variés ont défilé rue du Chevalier-de-la-Barre, rue d'Angoulême, à Romainville, rue Fessart.

Un des types les plus originaux qu'on peut épingler, ce fut un fils de famille riche, bachelier ès lettres, auquel ses parents versaient chaque jour une somme assez rondelette. Il ne gardait rien, ne savait rien garder pour lui, distribuant son argent, versant sans cesse à la caisse du journal, pour la propagande. Il s'était installé dans le coin le moins confortable et n'acceptait, pour lui, que les travaux pénibles ou ennuyeux. C'était toujours sa bonne volonté qu'on mettait à l'épreuve. C'était lui qu'on chargeait de toutes les corvées. Il transportait, sans un mot de protestation, les paquets d'imprimés ; il partait à pied avec de lourdes charges sur le dos, afin d'économiser les trois sous du métro ou de l'autobus.

En route, il achetait, pour sa nourriture, les
vivres les plus extraordinaires, des poissons
pourris, des bananes en compote... Il fallait se
fâcher pour l'empêcher de manger des saletés.
Il prétendait encore réaliser des économies.

Un camarade impécunieux venait-il se plaindre
au journal, il lui cédait immédiatement son lit.
On le vit coucher dans le couloir, en plein courant
d'air, par six degrés au-dessous de zéro. En d'autres temps, ce phénomène aurait fait un saint
Vincent de Paul. A notre époque, s'il n'est pas
devenu, lui aussi, un bandit tragique, c'est tout à
fait par hasard.

Un beau jour, il hérita de quarante mille francs,
monnaie d'avant-guerre ? Aussitôt, il ouvrit une
imprimerie... Il se mit à éditer les écrivains
anarchistes ou révolutionnaires. En un clin d'œil,
les quarante mille francs disparurent. Mais
jamais une parole de regret, une allusion ne
sortirent de la bouche de ce singulier philan-
thrope.

Il mourut pendant la guerre. Sa fin fut tragique,
conforme à tout ce qu'on savait de son caractère.
Mais ceci est une autre histoire.

*
* *

Parmi la faune qui s'épanouissait en ces lieux,
il ne faut pas oublier l'individu qui, tout à coup,
bondit dans les bureaux du journal, et, les yeux
désorbités, réclame avec force gesticulations, une

142

bombe, un browning, une arme pour saigner les bourgeois, pour faire un coup...

Cet individu était tiré à de multiples exemplaires.

Fou ? Provocateur ?

Il y avait aussi le conspirateur, celui qui prenait des airs mystérieux, chuchotait dans toutes les oreilles, se disait affilié à des bandes ténébreuses.

Maniaque ? Policier ?

Et l'homme de la nature ?

Un soir, c'était en plein été, les anarchistes attendaient, rue Muller, aux *Causeries populaires*, un conférencier, dessinateur à l'Ecole de Médecine, qui devait traiter des rapports de l'hygiène et de la sociologie. L'heure passait et le conférencier ne donnait pas signe de vie. Soudain, on entendit un énorme bruit dans l'escalier Sainte-Marie. On se précipita. Une foule d'au moins cinq cents personnes entourait en criant, riant, vociférant, gesticulant, un individu vêtu d'un simple caleçon.

C'était le conférencier.

Un agent intervint.

— Vous êtes fou, lui dit-il. En voilà une façon de s'habiller.

L'autre le toisa avec mépris.

— Je m'habille suivant mes idées. Les pores de ma peau excrétant de la substance nocive élaborée par les glandes sudoripares doivent être libres ; voilà pourquoi vous me voyez si peu vêtu. Les fous sont ceux qui se couvrent de drap par une chaleur pareille.

L'agent hocha la tête.

— Pas d'erreur, fit-il, se parlant à lui-même... Allons, suivez-moi.

Il le conduisit au poste. Le commissaire de police, après avoir interrogé le prisonnier, fut de l'avis de son subordonné. On appela trois médecins pour l'examiner. Tous trois déclarèrent que l'homme était absolument sain d'esprit.

Trois médecins d'accord. Le fait était si rare qu'il impressionna le commissaire.

— Je veux bien vous croire, assura-t-il. Mais dites à votre client de ne pas remettre les pieds dans mon quartier avec un costume semblable. Sans quoi, fou ou non, je l'expédie au dépôt.

Un autre type qui fut très connu et qui jouit d'une immense popularité dans les milieux anarchistes : Ologue le Cynique.

Il avait choisi ce pseudonyme éblouissant, on ne sait trop pourquoi. Mais ça lui allait comme un gant. Il portait une grosse tête carrée, avec des lunettes rondes, sur un corps trapu et qui dénotait une force physique peu commune. Il était imberbe et sa bouche ne cessait de se livrer à toutes les contorsions.

Il collaborait régulièrement à l'*Anarchie*. Et, cependant, c'était un employé d'administration modèle. Généralement il s'habillait d'une redingote impeccable et s'ornait d'une cravate nouée de travers. Il marchait pieds nus dans des sandales, son chapeau à la main, un parapluie et des livres sous le bras.

Il avait la manie, en parlant, de faire des moulinets avec son bras droit qu'il jetait, tout à coup
en avant comme pour pourfendre son interlocu-
teur.

Sa culture était immense. Il connaissait le latin,
le grec, l'allemand et plusieurs autres langues
vivantes. Il savait par cœur Rabelais, se délectait
d'Anatole France.

Dans les balades anarchistes, il n'était pas rare
de le rencontrer, demi-nu, un tronc d'arbre à la
main. Il s'affirmait l'homme des bois.

Ses articles de l'*Anarchie* révélaient un style
bien personnel et savoureux où explosait à chaque
ligne la haine irréductible des boutiquiers et des
concierges. On y épinglait des phrases de ce
genre :

« Parce que j'omets souvent de parer mon
crâne, d'une incohérente coupole de feutre, la
réprobation règne sur le visage de mon portier. »

« On a sa dignité, comme dit mainte épicière,
et je ne voudrais pas être assimilé par quiconque
à un honnête homme. C'est pourquoi je me con-
sidère volontiers comme un dévoyé magnanime
et souriant comme une crapule surhumaine. »

« Et toi, funeste boutiquier, type hilare, bedon-
nant de corps et d'âme, tu passes en douceur des
haricots vieux de trois années et des souhaits
nauséabonds.

Tu es semblable à un concierge, original comme
un bec de gaz. »

« De même que nous absorbons des aliments
sains et appétissants et que nous en expulsons le
superflu après quelques opérations chimiques, de
même nous nous emplissons le cœur de la splendeur du monde et nous excrémentons cette splendeur sous forme d'œuvre d'art. »

Faut-il dire que nombreux s'affirmaient ceux
qui ne trouvaient pas cela si ridicule ?

Un jour, Ologue le Cynique pria un camarade de
l'accompagner dans un magasin de nouveautés.
Il allait faire emplette de vêtements. Mais à peine
le vendeur se présentait-il, qu'il fonçait sur lui le
bras en avant, de son geste habituel de pourfendeur. Et il s'écriait, lyrique :

— Monsieur, je désire un pantalon... un pantalon couleur d'azur, symbole d'espérance.

Le vendeur, épouvanté, tourna les talons.
Ologue, pourtant était un excellent homme.

Qu'est-il devenu ? Sans doute toujours employé
d'administration.

Son ami intime, Pierre D.., aujourd'hui journaliste, l'accompagnait souvent. Ce dernier, fils de
famille bourgeoise, toujours tiré à quatre épingles, était le poète du milieu. Après la mort de
Libertad, il exerça sur les anarchistes une bienfaisante influence. Ce poète, qui récitait des poèmes entiers d'Albert Samain et d'Henri de Régnier

146

en s'accompagnant au piano, savait parler de l'amour comme nul n'en a parlé. Il modifia, làdessus, de fond en comble, les conceptions anarchistes telles que Libertad les avait fait accepter. Il faut dire que, du temps de Libertad, parurent des articles où l'on examinait très sérieusement la nécessité de la prostitution. On allait plus loin. On déclarait qu'il devenait utile de contracter des maladies vénériennes pour pouvoir les communiquer aux bourgeois et prendre sur eux la revanche de la contamination. Imitation de la belle Ferronnière qui se vengea ainsi de son royal amant. Ces sottises furent prises longtemps en considération. Grâce à Pierre D..., les anarchistes, revenus à des notions plus saines (c'est le cas de le dire) les balayèrent.

Une des gloires de l'individualisme de cette époque, ce fut le camarade Lorulot, qui a évolué depuis, comme d'ailleurs, tant d'autres. Lorulot avait débuté dans l'anarchisme, en qualité de colon à Saint-Germain. Cela en 1904 ou 1905. Ce fut une colonie inoubliable que celle de Saint-Germain qui comptait, parmi ses membres, Ernest Girault, alors un des purs de l'anarchie, maintenant un des purs du communisme, et Jean Goldsky. En principe, une colonie anarchiste, c'est une réunion de camarades, hommes et femmes, qui prétendent vivre librement, en marge de la Société. Ça commence par des appels à la solidarité, çà finit par des bagarres. Lucien Descaves a écrit, là-dessus une pièce de théâtre, *La Clairière*, qu'on n'a pas oubliée.

Lorulot était un drôle de colon.

Un après-midi d'été, par une chaleur suffo-
cante, la colonie était au travail, les camarades
suaient, geignaient. L'un deux, soudain demanda :

— Ah çà ! Où est donc Lorulot ?

On appela. Pas de réponse.

L'inquiétude gagna les colons. Lui serait-il arrivé malheur ? On se mit à sa recherche. Bientôt
on le retrouva à califourchon sur une branche
d'arbre tout en haut, sur le faîte. Il lisait tranquillement des vers. Mais le plus étrange, c'est
qu'il était entièrement nu, nu comme un ver. Les
camarades interloqués l'interpellèrent.

Lorulot laissa tomber son regard sur ceux qui
criaient vers lui.

— Qu'est-ce que tu fais là ?

— Tu es donc fou ?

Lorulot, sans se démonter, expliqua :

— Comment, vous ne voyez pas... Je prends un
bain de soleil.

Et, doctrinal :

— Si vous n'étiez pas des ignares, vous devriez
savoir que les anarchistes dignes de ce nom, pren-
nent des bains de soleil.

Là-dessus la voix d'un grincheux s'éleva :

— Nous, pendant ce temps, nous prenons des
bains de sueur.

Alors Lorulot, péremptoire :

— Naturellement. Vous, vous êtes les bras...
travaillez... Moi, je suis le cerveau... je pense.

Ainsi prononça ce cerveau « élevé ». Après quoi, comme si rien ne s'était passé, il se remit à sa lecture.

Quelques temps après. Lorulot s'avéra un sociologue de premier ordre. Il venait de découvrir la banane. Il fit de la banane le pivot de la question sociale. Il disait aux prolétaires :

« Vous êtes trop exigeants. Si la vie devient chère, c'est votre faute.

» Au lieu de réclamer sans cesse des augmentations de salaires, ne feriez-vous pas mieux d'éliminer de vos besoins tous ceux qui ne sont pas strictement nécessaires.

» Supprimez de votre repas, viande et poisson. C'est superflu.

Contentez-vous, par jour, d'une banane. C'est chimiquement l'aliment complet et naturel.

» Plus de grèves ! plus de patrons ! plus d'ouvriers ! plus de syndicats ! Et cela grâce à la banane ».

Et Lorulot ne se contentait pas d'enseigner. Il prêchait d'exemple.

Après ça il imagina le régime à l'huile. M. Brisset avait fait descendre l'homme de la grenouille. Lorulot le fit descendre de la baleine.

L'huile contenue dans les flancs de ce cétacé. voilà quel était le salut. L'huile, c'était la vie ; l'huile c'était la santé.

Encore si Lorulot eut préconisé l'huile d'olive !

Mais, pour étayer sa démonstration, Lorulot expliquait que c'est grâce à l'huile qu'on peut conserver les aliments. Exemple : les sardines à l'huile, les maquereaux à l'huile, etc. C'était tout à fait convaincant.

L'anarchie à l'huile !

Et Lorulot, mettant en pratique ses théories, commença par absorber quotidiennement une dose copieuse d'huile. L'apôtre de l'oléofaction laïque et obligatoire buvait de l'huile comme un autre aurait bu du vin, du café, du thé... Et il se conservait ainsi superbement.

Il n'était pas le seul, du reste, à se complaire en de telles excentricités. Certains compagnons ne voulaient manger que de l'herbe. Quelques-uns d'entre eux allaient jusqu'à en brouter. Ils entendaient, par cette méthode, résoudre le problème de la vie chère. Ils proclamaient que cette alimentation était la seule normale, la seule conforme aux exigences de l'organisme humain. Et ils se réclamaient de Büchner, Haeckel et de quelques-autres.

*
* *

Tels étaient les milieux anarchistes. On n'en finirait point si l'on voulait rappeler tous les phénomènes qui s'y présentèrent librement et toutes les théories, plus fantastiques les unes que les autres, qui y circulaient. Cela dépasserait le cadre de ce récit. Mais il était indispensable de bien montrer le milieu avec ses excès et ses ridicules, qui permît l'épanouissement monstrueux de l'illé-

galisme et dont sortirent, tout armés, les bandits
tragiques.

A la base, folie, ignorance, révolte, désir de se
singulariser.

Et, cependant, la plupart de ces hommes étaient
des volontés et des intelligences, souvent des
âmes de douceur. Le spectacle des iniquités sociales les avait conduits là. De funestes théoriciens firent le reste, des théoriciens péremptoires
qui affectaient le mépris des bipèdes humains,
qui qualifiaient leurs semblables d'abrutis et de
crétins, qui s'érigeaient au-dessus des foules, om-
niscients et superbes.

Ceux-là n'ont pas trinqué.

Mais veut-on descendre jusque dans les profon-
deurs de l'âme des bandits ?

Qu'on médite ces lignes parues dans un journal
de l'époque et qu'il n'est peut-être pas inutile de
reproduire.

« En face de la misère et de la souffrance, l'existence des jouisseurs constitue une provocation per-
manente, une raillerie cynique, une tentation
constante. Il y a, au bas de l'échelle sociale, des
intelligences et des audaces, des hommes dont le
cerveau est plein et l'âme neuve. Ils ont des yeux
pour voir et des oreilles pour entendre. Et c'est
parce qu'ils savent voir, qu'ils savent entendre,
qu'un beau jour, ils se dressent formidables, et
qu'ils attaquent, ce qui est, pour eux, le seul
moyen de se défendre.

« Ah ! l'on nous parle de lutte de classes et de Révolution prochaine. L'individu ne demande pas mieux. Mais en attendant cette aube rouge, il faut qu'il vive, l'individu. Il regarde autour de lui. En haut, en bas, à droite, à gauche, devant, derrière c'est l'ignoble lutte pour la vie, avec toutes ses conséquences affreuses, voilées par l'hypocrisie contemporaine, masquée par les morales et bâillonnée par les Codes. Il regarde, l'individu. Ici, la petite minorité qui jouit, sans raison, sans excuses, parce que le hasard l'a servie et conduite. Là, l'immense troupeau abîmé dans la veulerie, enfoui dans la passivité. Plus loin, des déchets et des victimes que la révolte a mutilés, proies faciles des geôles et des salles d'hôpital.

« Que fera-t-il, l'individu ? Va-t-il prendre un numéro et s'embrigader dans le corps des prolétaires exploités, affamés, assassinés, bétail d'usine, chair à patrons, chair à canons, chair à boxons... Va-t-il se briser, lui aussi. dans la révolte, sans moyens, sans armes, sans espoirs de triomphe ?

« Entre les écrasés et les indomptés, il ne sait à quoi se résoudre. Dans les jungles modernes, que sont nos grandes villes, il sait que les bêtes féroces à face humaine pullulent et s'entre-dévorent, Il faut qu'il se défende. Il faut qu'il s'arme pour la lutte. Sous peine de succomber, de devenir l'une de ces pâles victimes rongées de tuberculose, usées d'anémie, abêties d'alcool, il faut pour se défendre qu'il attaque. N'étant pas né mouton, il ne

152

peut constamment rentrer ses griffes et tendre
son échine aux coups de trique...

« ...Et un matin, il sort de son taudis, il vole une
auto, tue un gardien de recettes, abat un gardien
de la paix, et écrase les autres.

« Il est devenu l'Illégal, l'Endehors. Braves rentiers satisfaits d'en haut et d'en bas, prenez garde
à vous. »

Cette page, qui fut publiée au moment même
où les bandits poursuivaient le cours de leurs exploits, jette une lumière crue sur les mobiles vrais
qui les firent agir (1). A la base, l'instinct de révolte
puis beaucoup de lassitude, le mépris des pro-
phètes et des théoriciens révolutionnaires, le besoin ardent de vivre, de jouir de la vie, coûte que
coûte... Et, une fois le doigt dans l'engrenage,
toute l'âme y passant. La bête fauve se réveillant
dans l'homme, dans le rêveur d'hier. Celui qui
aurait pu devenir un apôtre se transformant en
bandit.

Les ravages qu'ont fait certaines théories parmi
des milliers de jeunes gens enthousiastes sont in-
calculables.

Pour avoir sacrifié à l'idole illégaliste, les anarchistes ont peuplé les bagnes et les prisons ; ils
sont devenus la chose des geôliers et des cha-
ouchs.

Singulière méthode pour réaliser sa vie.

1. Elle parut dans la *Guerre Sociale*. Elle était signée :
Victor Méric.

XIII

AUX ASSISES

En février 1913, le procès des Bandits tragiques commença. La foule qui s'empressait dans la salle des Assises et dans les couloirs du Palais était énorme. Jamais l'on n'avait vu pareille affluence.

On allait juger Carouy, Callemin dit Raymond la Science, Soudy, Simentoff et leurs complices. En attendant, les journaux ne tarissaient pas de détails sur la fin lugubre de Bonnot, de Garnier, et de Valet. Il semblait que l'intérêt ne pût s'en détacher. On racontait comment, jusqu'à sa dernière heure, Garnier ne cessa de fumer. Les soldats et les policiers le repéraient grâce au point rouge de sa cigarette qui se déplaçait constamment dans l'ombre.

On assurait aussi que Garnier n'était pas tout à fait mort sur son matelas et que ce fut un agent qui d'un coup de revolver l'acheva.

Mais ces détails et quelques autres ne suffisaient

point à satisfaire la soif de curiosité qui s'était emparée du public.

L'attention était de plus en plus vivement accaparée par les survivants.

Ces survivants quels étaient-ils ?

On en comptait exactement vingt-deux, tous accusés d'attentats, de vols ou de complicité et de recel.

1° La femme Maîtrejean dite Rirette (style officiel), vols et complicité, association de malfaiteurs. A succédé en janvier en 1911, à Lorulot, comme directeur du journal l'*Anarchie* où se réunissaient les bandits. Pas de condamnation ;

2° Kibaltchiche, son amant, vols et complicité, association de malfaiteurs. Sujet russe, né à Bruxelles en 1870, de parents russes. Se faisait appeler le Rétif. Pas de condamnation ;

3° Dieudonné Eugène, vols et complicité, homicides volontaires et tentatives ; association de malfaiteurs. Vingt-neuf ans. Ouvrier menuisier, originaire de Nancy. Séparé de sa femme qui devint la compagne de Lorulot. Travaille à Nancy fréquente l'*Anarchie* et la colonie de Romainville. Au mois d'octobre 1910, sous le nom d'Aubertin, habite Paris, reçoit les anarchistes Dupouix et Detwiller. En juin 1911, retourne à Nancy, travaille chez le menuisier Emile B... frère cadet de Charles B... qui assassina Blanchet, accusé de délation. Ce Charles B... est en fuite, introuvable... Après quoi, Dieudonné vint travailler à Longlaville où il reçut la visite de

Bonnot qui se faisait alors appeler Comtesse, du nom de son beau-père. Il aurait reçu à Nancy un télégramme de Callemin : « Viens de suite nous t'attendons ». Cela un peu avant l'affaire de la rue Ordener. Pas de condamnation ;

4° Callemin dit Raymond la Science, vols et complicité, attentat, etc..., typographe, âgé de vingt-deux ans. Anarchiste depuis l'âge de dix-neuf ans. On sait peu de chose sur lui. A Bruxelles collabore au *Révolté*. Perquisitionné en 1910. Intelligent, orateur. On le trouve à Romainville, à l'*Anarchie*, puis rue de Bagnolet. Depuis qu'il est à l'instruction, c'est-à-dire depuis neuf mois, s'est refusé systématiquement à répondre. Pas de condamnation ;

5° Monnier dit Simentoff, dit Elie Etienne, camelot, vingt-trois ans. Insoumis. Mêmes inculpations. Jardinier. On l'a vu anarchiste à Arles, puis en Belgique, à Charleroi. Les patrons qui l'ont employé ont donné d'excellents renseignements sur son compte. Travailleur modèle. A fréquenté Romainville. On le soupçonne d'avoir préparé les coups de la bande dans la région d'Alais ;

6° Soudy, mêmes inculpations. A peine vingt ans et le plus jeune des bandits. Garçon épicier. On le dit violent et sournois. Condamné et jeté à Fresnes dont il sort le 24 août 1911. Entre quelques jours après à l'hôpital Tenon et de là à Saint-Maurice dans une maison de convalescence. Séjourne sous le nom de Columbo au sanatorium de Liancourt qu'il doit quitter rapidement en raison de ses idées anarchistes, Trois condamnations pour outrages à des agents. Une condamnation pour complicité de vol par recel. Huit mois de prison et cinq ans d'interdiction de séjour ;

7° Carouy, mêmes inculpations. Belge. Ouvrier tourneur en fer, puis camelot. Très bon travailleur. Dès 1909, fréquente les milieux anarchistes et administre le journal le *Révolté*. Perquisitionné en 1910. A Paris, en 1910, habite rue Marcadet, sous le nom de Maury, dans le même immeuble que de Boué. En 1911, habite avec sa maîtresse Belardi au journal l'*Anarchie*, à Romainville. Plus tard, on le retrouve à Saint-Thibault-des-Vignes, puis à Garches. Il est enfin arrêté à Lozère. Pas de condamnation.

8° Metge, mêmes inculpations. Cuisinier. Né au Test. Vingt-deux ans. A dix-sept ans, voyage en Angleterre où il exerce son métier. En 1910 et 1911 fréquente l'*Anarchie*, à Romainville et se lie avec Carouy, Garnier, Valet. Déserteur. Pas de condamnation ;

9° Barbe Le Clerch, vols et complicité. Vingt et un an. Domestique au Faouet, à seize ans. Se place à Paris en 1910. Un vol est commis par Metge chez des amis de sa patronne. Un de ses amants condamné comme faux monnayeur. Pas de condamnation ;

10° Gauzy, complicité d'homicide volontaire, recel de malfaiteurs. Etabli soldeur à Ivry. C'est chez lui que le sous-chef de la Sûreté Jouin a trouvé la mort de la main de Bonnot. Marié, père de deux enfants. Pas de condamnation ;

11° Detwiller, vols et complicité, association de malfaiteurs. Ouvrier mécanicien. Ami intime de Carouy. Une condamnation avec sursis pour vagabondage ;

12° Marie Schoffs, vols et complicité. Connue surtout sous le nom de Marie Vuillemin. Vingt-trois ans. Maîtresse de Garnier qu'elle a rencontré à Charleroi et pour lequel elle a abandonné son mari avec qui elle divorce. A vécu à Romainville à l'*Anarchie* avec son amant. Se trouve à Nogent-sur-Marne, au moment où les policiers se disposaient à attaquer Garnier et Valet. Pas de condamnation ;

13° C.. de F..., vols et complicité, association de malfaiteurs. Vingt-six ans, appartient à une excellente famille. Remisier. Est soupçonné d'avoir servi d'intermédiaire à la bande. Pas de condamnation ;

14° De Boué, vols et complicité, port d'armes prohibées, association de malfaiteurs. Typographe. Vingt-trois ans. Belge. En 1910, il travaille à Lausanne d'où il est renvoyé comme anarchiste. Vient à Romainville. Retourne à Lausanne sous un faux nom et, de nouveau, se voit renvoyer pour acte de sabotage. En 1910, à Marseille, sous un faux nom. Arrêté à Paris, rue Poncelet, sous le nom de Dupuis. Pas de condamnation (¹) ;

1. Il y a des noms que nous ne voulons pas donner ici. Quelques-uns des rescapés de l'effroyable aventure sont, aujourd'hui, de braves pères de famille jouissant de la considération de leurs concierges. Inutile de les compromettre.

15° B..., vols qualifiés, association de malfaiteurs.
Garçon de laboratoire et élève en pharmacie. Passe
pour le savant de la bande. Déserteur. Condamné
par le conseil de guerre de Lille à six mois de prison ;

16° R..., vols et complicité, association de malfaiteurs. Le plus âgé de tous. Condamné à six
mois de prison pour outrage aux bonnes mœurs,
puis à cinq ans de réclusion pour fausse monnaie.
Condamné à Bruxelles, pour pose d'affiches anarchistes. Condamné deux fois à Londres pour
fabrication de fausse monnaie ;

17° B..., vols et complicité, association de malfaiteurs. Vingt et un ans. Ouvrier tailleur. A toujours travaillé. Brusquement est renvoyé à cause
de ses idées anarchistes. Excellents renseignements de la part de ses patrons ;

18° P .., vols et complicité, port d'armes prohibées, association de malfaiteurs. Ouvrier ajus-
teur. Suisse. Trente-deux ans. Deux condamnations pour outrages aux agents ;

19° G..., en fuite, complicité de recel de malfaiteurs. Demeurant au siège de l'*Anarchie*, rue du
Chevalier-de-la-Barre. Condamné, sept ans avant,
à deux mois de prison avec sursis.

Enfin les derniers : R..., J..., R..., de simples
comparses poursuivis pour recel de malfaiteurs.
La Dondon, maîtresse de Valet, fut la seule à ne
pas être inquiétée. En réalité, elle n'avait jamais
été arrêtée. La femme qu'on trouva à Nogent-sur-
Marne était une amie d'occasion qui n'avait rien
à voir dans l'affaire.

Plus de trente crimes ou délits étaient reprochés à la bande, poursuivie en vertu des articles de la loi : 2, 59, 60, 62, 63, 228, 230, 233, 248, 265, 266, 267, 295, 296, 302, 304, 379, 381, 383, 384, 385, 386 du Code pénal. Plus les articles 1 et 4 de la loi du 24 mai 1834 ; ordonnance du 23 février 1837 ; loi du 27 mai 1885.

Et voici quelle était la liste des crimes et délits ayant motivé les inculpations. (Les délits et crimes précédés d'une croix étaient du ressort de la justice belge).

+ 7-8 mars 1911. — Charleroi — vol qualifié par 5 complices (dont Carouy et Garnier).

29-30 mai 1911. — Gare Saint-Germain-en-Laye — Vol statuettes et soieries (Carouy).

9-10 juin 1911. — Méru — Vol bicyclette chez Chandesin (Dieudonné).

3-4 juillet 1911. — Nancy — Vol bicyclette et machine à écrire chez Dienner (Carouy).

23-24 août 1911. — Alfortville — Cambriolage chez lieutenant Balzaguet (Carouy, Camboutier).

8-9 octobre 1911. — Pavillons-sous-Bois — Cambriolage chez Schmidt (Metge).

17-18 octobre 1911. — Romainville — Cambriolage bureau de poste (Carouy et Metge).

27-28 octobre 1911. — Rueil — Cambriolage chez la mercière Lischt (Metge).

11-12 novembre 1911. — Chatou — Cambriolage chez Barbier (Metge).

13-14 décembre 1911. — Boulogne-sur-Seine — Vol auto Normand (Bonnot et Garnier).

21 décembre 1911. — Paris — Attentat rue Ordener

1. Callemin. — 2. Soudy. — 3. Kibaltchiche.
4. Sémentof. — 5. Carouy.

Mᵉ Adad.   Mᵉ de Moro Giafferi.   Mᵉ Campinchi.

contre Caby (Bonnot. Garnier, Dieudonné. Callemin).

23-24 décembre 1911. — Paris — Cambriolage armurerie Foury, rue Lafayette (on n'a trouvé que des
receleurs).

2-3 janvier 1912. — Thiais — Assassinat de Moreau
et Mme Arfaix et vol (Carouy et Metge).

8-9 janvier 1912. — Paris — Cambriolage armurerie
Smithwesson, boulevard Haussmann (P... et B....

17-18 janvier 1912. — Romainville — Cambriolage
usine Firmonge (receleur : de Boué).

— 23-24 janvier 1912. — Gand — Vol automobile
Waltin (Bonnot et Garnier).

— 31 janvier-1er février 1912. — Gand — Tentative
vol auto garage Heye ; assassinat chauffeur Maurgy,
veilleur Fombayser blessé (Bonnot, Garnier, Callemin, de Boué).

15 16 février 1912. — Béziers — Vol automobile Malbre (Bonnot, Garnier, Dieudonné, Callemin, de Boué).

26-27 février 1912. — Saint-Mandé — Vol automobile
Buisson (Bonnot, Garnier, Callemin).

27 février 1912. — Paris — Assassinat agent Garnier, place du Havre (Bonnot, Garnier, Callemin).

28-29 février 1912. — Pontoise — Tentative cambriolage étude Tintant (Bonnot, Garnier, Callemin).

25 mars 1912. — Route de Montgeron — Vol auto
de Rougé, Mathillé tué, Ciserolles blessé (Bonnot,
Garnier, Valet, Callemin, Monnier et Soudy).

25 mars 1912. — Chantilly — Attaque Société Générale. Trinquier et Legendre tués, Guilbert blessé
(Bonnot, Garnier, Valet, Calemin, Monnier et Soudy).

24 avril 1912. — Assassinat de M. Jouin chez
Gauzy, à Ivry (Bonnot).

Les accusés étaient défendus par une pléiade

d'avocats dont la plupart devaient atteindre la célébrité. Citons : de Moro-Giafferri, Zévaès, Berthon, Raynaud, Campinchi, Michon, Bizou, Doublet, Adad, etc..., etc...

La Cour était présidée par le conseiller Couinaud, et le siège du ministère public occupé par le procureur général Fabre, assisté de l'avocat général Bloch-Laroque.

Si l'on veut se faire une idée de l'impression produite par ce procès, il n'y a qu'à consulter les journaux du temps.

Prenons, par exemple, l'*Illustration* du 8 février. On pouvait lire les pages qui suivent et qu'ornaient des croquis de Paul Renouard :

« On les tient, et on les juge. Ils sont là vingt accusés, grands premiers rôles, comparses, figurants, utilités, souffleurs et garçons d'accessoires. Toute la troupe, toute la bande, qu'il ne faut point appeler celle des assassins anarchistes, pour qu'il n'y ait point de confusion, de malentendu, car ce ne sont point là des fanatiques, coupables de crimes d'idées, de meurtres politiques. Non point : Ce sont des tueurs de pauvres gens. Leurs victimes, dont ils ont fouillé les poches ou pillé les caisses, ce sont d'humbles employés à 150 fr. par mois, un garçon de recettes, de jeunes comptables d'un bureau de banque, fusillés sans défense, à bout portant ; ce sont des vieillards infirmes ; c'est un chauffeur conduisant une voi-

162

ture à livrer ; c'est un gardien de la paix que l'on
« brûle » pendant qu'il réclame des papiers d'identité ; tout cela, c'est du crime de droit commun,
le plus abject et le plus infâme, que l'on s'est
mis dix ensemble à préparer et à exécuter ; et,
par égard pour tous ceux qui, dans la suite des
temps agités de toutes les histoires, ont été eux-
mêmes les funestes et courageuses victimes de
leurs exaltations sociales, ceux qui se sont brûlés
à leur propre flambeau, il ne faut point ici, à propos de ces gens et à l'occasion de ces actes, prononcer le mot, ni même évoquer l'idée de crime
politique. C'est, d'ailleurs, ce que M. le président
Couinaud a tenu à déclarer, une fois pour toutes,
dès ses premières paroles. »

« Aujourd'hui, décidément, il y a quelque chose
de changé dans cette salle des grandes premières
criminelles. Le public « chic » n'a pas été convié.
Mondaines et demi-mondaines sont, pour cette
fois, restées chez elles et nous ne verrons pas en
ce lieu, comme lors de l'affaire Steinheil, le scandale de leurs toilettes de répétitions générales.
Plus de frissonnements de soie, ni de rires hystériques sous les voilettes, ni de gestes charmants
et parfumés de jolis bras et de mains fines jouant
avec un face-à-main ou même une lorgnette de
théâtre. L'endroit, privé de ces lueurs de vie
heureuse et de ce bourdonnement léger, demeure
ce qu'il doit être, ce que l'on a voulu qu'il fût,
triste, grave, gris, avec ses trop hautes fenêtres
par où la lumière indécise, et toujours blême,

passe à regret comme l'espoir Et c'est à peine si,
dans ce jour pauvre où tous les visages semblent
décolorés et spectraux, on peut distinguer avec
quelque précision les traits impassibles du président et des juges rouges d'assises, la silhouette,
cravatée d'hermine, du vieux procureur général
qui a tenu, en ces circonstances, peut-être péril-
leuses, à occuper lui-même le fauteuil de l'accusation, et les honnêtes physionomies des jurés, un
architecte, des ingénieurs, un médecin, un employé et quelques rentiers, qui devront demeurer
là, immobiles et attentives, face à face avec la
sinistre bande, pendant vingt jours. »

« Placés en face des fenêtres, les vingt et un
accusés, dix-huit hommes et trois femmes, reçoi-
vent toute la lumière de la salle. Ils n'y parais-
sent point en beauté. Ce sont des bandits modernes, très jeunes pour la plupart, criminels
cruels, impitoyables, jouisseurs, prétentieux, fiers
de leurs quelques lectures mal comprises, qui leur
ont donné non point des opinions, mais des
haines et des appétits. Il y a là trois ou quatre
pâles figures au mauvais regard, imberbes, parmi
lesquelles cet éphèbe sinistre, Callemin dit
« Raymond la Science », « Soudy », « l'homme à
la carabine » de Chantilly, et Belonie; il y a aussi,
la première du premier rang du côté des juges,
une singulière petite fille à figure expressive qui
rit tout le temps et agite coquettement ses cheveux coupés courts et bouclés : c'est Mme Anna
Maitrejean, directrice ou gérante de la maison

164

de l'ANARCHIE ; il y a, séparé d'elle par un garde,
son ami Kibaltchiche, un Slave rêveur, aux yeux
très enfoncés dans une face glabre, au surplus le
seul théoricien authentique de la bande, le seul
véritable et sincère marchand d'illusions. Et tous
les autres, y compris Dieudonné, l'homme aux
mémoires, le robuste Carouy, le fantomal Metge,
le rouge Dettwiller et aussi, de Boué, Rodriguez,
Monier dit Simentoff, le remisier Crozat de Fleury, la femme Schoofs et Barbe de Clerch, la maîtresse de Metge, sont des types impersonnels,
insignifiants, anonymes, que vous avez rencon-
trés cent fois sans éprouver une émotion ni une
curiosité.

« — Faites entrer les témoins ! ordonne le président.

« Aussitôt, une foule, en cohue, envahit la salle.
Il y a là, pêle-mêle, les parents et les amis des
victimes et les parents et les amis de meutriers.
Un homme prêt de moi pâlit et jure en regardant
Soudy. Je lui demande : « Vous le reconnais-
sez ? » — « Si je le reconnais ! Il a tiré sur moi, à
Chantilly ! » Un autre déclare, à mi-voix : « J'ai
été menacé, mais je suis armé ! » Et il indique
la poche enflée de son veston. L'appel dure inter-
minablement. Enfin le flot s'écoule peu à peu par
la petite porte. Les interrogatoires, maintenant,
vont commencer.

« — Madame Maitrejean !

« Une très jeune femme se lève. Ses vingt-qua-
tre ans en semblent seize, et, dans la salle, de tous

côtés, on murmure : « Mais c'est Claudine ! » Et !
oui, Claudine, en cheveux courts qu'une raie sépare
en deux lourds bandeaux bruns, à la fois fille et
garçon, avec le col marin plat sur le sarrau noir
d'écolière ; Claudine à l'école, vive et mutine,
qui tient en main ses notes, son cahier de devoirs
et, au bout des doigts, un petit crayon dont elle
ronge la mine... Que répondriez-vous, Claudine,
si vous aviez à vous défendre en cour d'assises
des accusations portées contre Mme Maîtrejean,
gérante en fait de la maison de famille de l'*Anarchie*, recéleuse, et affiliée, affirme-t-on, à une
association de malfaiteurs ?... Et Claudine de
répondre, d'une voix claire, sans trouble, sans
maladresse, un peu nerveuse seulement et fâchée
parfois contre le président qui insiste trop, mais
pas antipathique et laissant dans la salle une
impression amusée, plutôt favorable. Son coa-
cusé, ami et associé, Kibaltchiche, le jeune Slave,
pensif, complète et précise les explications de-
mandées. Sa voix est très douce ; sa parole facile,
élégante, ordonnée. Il se sépare d'un mot adroit
des anarchistes terroristes ; il est, lui, d'une école
qui admet les sentiments affectifs, la sensibilité,
et, comme guide, la conscience, au moins autant
que la raison. Il évoque la vie de labeur et de
pauvreté du couple et son existence, peu secrète,
dans la chambre unique qui était en même temps
la salle commune de l'*Anarchie* où l'on allait et
venait, portes ouvertes... Au surplus, il reven-
dique avec insistance pour lui seul toutes les res-

166

ponsabilités que l'on veut faire peser sur sa compagne. Il se rassoit. Il a été habile. Et l'on attend avec d'autant plus de curiosité l'interrogatoire des vedettes.

... C'est fait. Mardi, mercredi, jeudi, on a interrogé les vedettes. Ce n'était donc que cela, les vedettes ! La surprise, la déception, atteignent à la stupeur. Voici, loquace, emphatique, reniant les doctrines « illégalistes », traitant d' « imbéciles les apologistes de Bonnot et de Garnier, déclarant même que Bonnot était un anormal à cerveau de « Fuegien », voici Dieudonné que l'encaisseur Gaby a reconnu comme son assassin et qui niera tout, même l'évidence, cela, d'ailleurs, sans un élan de sincérité, sans un cri vrai qui émeut... Voici Callemin dit Raymond la Science, imberbe, petit, râblé, très myope, très jeune, très infatué, un mauvais gamin rageur, qui n'a même point les mots de Gavroche (à qui je demande pardon pour le rapprochement), et qui aura noté sur ses petits papiers jusqu'aux pauvres insolences qu'il jugera habile de mêler à ses faibles ripostes et à ses plus invraisemblables dénégations. Il s'embrouille vite, d'ailleurs, ne trouve plus de réponse dès qu'il a omis de prévoir les questions et s'effondre enfin, maté, en plein désastre, dans ses petits papiers inutiles. Et maintenant c'est le tour du jardinier-camelot Monier dit Simentoff, un Méridional tragique, bavard et confus ; du garçon épicier Soudy, qui

déclame, et se plaint de ne pas avoir trouvé « une
situation adéquate à son intelligence »; de Carouy
— figure brutale, facilement farouche — qui nie
comme tous mais avec moins de littérature et plus
d'énergie. Que dire des autres accusés, ceux dont
la tête n'est pas en jeu ?... L'intérêt décroît encore,
si possible... Mais les témoins, maintenant, vont
se succéder à la barre et ramener, avec eux, l'émotion (1). »

C'était signé : Albéric Cahuet.

Tel était ce monstrueux procès venant neuf
mois après les attentats inoubliables qui avaient
semé la terreur dans tout le pays.

Mais combien de comparses ? Combien d'innocents ? Combien de pauvres diables étonnés de se
trouver dans une pareille histoire ?

Garnier, Bonnot, Valet disparus, l'attention ne
se portait plus guère que sur Callemin, Soudy,
Carouy, Monnier...

Les autres, on le sentait obscurément, ne comp-
taient pas ou presque pas.

L'interrogatoire commença par Mme Maîtrejean
et Kibaltchiche. Ce fut, peut-être, le plus intéressant de tous.

A la vérité, Mme Maîtrejean était absolument
étrangère à tous les attentats et crimes dont on
accusait les autres. De même pour Kibaltchiche.

____

1. Inutile d'insister sur la partialité haineuse de ce
compte rendu et de ces impressions d'un journaliste igno-
rant tout des hommes et des milieux anarchistes.

168

Au début de la détention de Rirette, cela avait semblé une petite histoire de recel mal établi. Puis, *après l'affaire de Chantilly*, et à cause d'elle, alors que Rirette était emprisonnée depuis près de trois semaines, tout à coup on l'inculpa d'association de malfaiteurs. Au cours des nombreuses visites qu'il lui fit à la prison de Saint-Lazare, son défenseur, Mᵉ Raphaël Adad, avait toujours montré un grand optimisme.

Il fallut déchanter quand l'affaire vint devant la Chambre des mises en accusation. Rirette Maîtrejean prenait sur le dossier le numéro 1, faisant ainsi figure de chef de bande. Elle conserva ce rang aux Assises. Naturellement, son ami Kibaltchiche se vit généreusement octroyer le numéro 2.

Il était prouvé, archiprouvé, établi aux yeux de tous, que, loin d'approuver les théories et les pratiques illégalistes, ces deux anarchistes les avaient toujours combattues, au point même d'en être devenus suspects et de subir des injures et menaces.

N'importe. Il y avait association de malfaiteurs. Il fallait une âme, des chefs...

Le 3 février, une jeune et frêle femme tint tête, avec une énergie qu'on n'aurait pas soupçonnée en elle, aux représentants de cette Société que des révoltés avaient attaquée violemment et qui avait fini, comme toujours, par triompher.

Elle assura, très nettement, que les anarchistes n'ont pas coutume d'enquêter sur les individus qui viennent parmi eux. C'est une règle morale.

Chacun peut entrer librement et disparaître
ensuite. Nul ne lui demande d'où il vient, où il
va. Le respect de la liberté d'autrui est poussé
jusqu'à ses extrêmes conséquences. Et cela
explique que le mouchard ou le provocateur puisse
jouer leur rôle avec autant de facilité.

L'*Anarchie*, selon Rirette Maîtrejean, n'avait
d'autre utilité que de grouper des hommes soucieux d'étudier et d'apprendre. Certes, on leur
enseignait le mépris des morales conventionnelles
et la haine des iniquités sociales. Mais ils devaient
juger eux-mêmes et se déterminer en toute liberté.
Aucune complicité avec les collaborateurs directs
ou occasionnels du journal, qui crurent devoir
recourir à l'assassinat et au vol.

Kibaltchiche parla de même façon. Il exposa sa
conception de l'anarchisme, répudia énergiquement tout ce qui touchait à la reprise individuelle
et à la violence, il dit son existence de pauvreté,
défia qu'on trouvât de l'argent chez lui.

Malheureusement, on avait découvert des revolvers. Mais c'était là un dépôt ; il n'avait pas à
connaître leur provenance, pas plus que le but
auquel on les destinait. Il se tut là-dessus.

On appela Dieudonné.

De quoi l'accusait-on ? D'avoir participé à
l'attentat de la rue Ordener. Or, il fut prouvé que
le prétendu coupable n'était pas à Paris, au
moment où se commit le crime. De plus, Bonnot
l'avait innocenté à l'heure de la mort. Quel intérêt aurait eu Bonnot, à l'instant où, tout étant dit,

170

on ne se donne plus la peine de mentir, à dégager
un complice. D'autre part, nous l'avons déjà vu,
Garnier, traqué et fuyant la police, avait pro-
clamé, lui aussi, dans une lettre, l'innocence de
Dieudonné. Que restait-il contre lui ? Le témoignage du garçon de recettes, Caby. Mais ce
malheureux, dont l'esprit demeurait troublé,
avait commencé par reconnaître, de la façon la
plus affirmative, les yeux de Garnier. Plus tard,
dans une mise en scène discutable, il avait débuté
en désignant un des agents de la Sûreté qui se
trouvaient à côté de Dieudonné. Cela, on le savait.
Mais on s'acharnait sur Dieudonné, parce que
l'anarchiste avait hanté les milieux illégalistes,
qu'il avait, peut-être, donné la main à quelques
menues opérations et qu'il gardait obstinément le
silence, là-dessus. Après douze années écoulées,
on peut dire que Dieudonné fut un peu considéré
comme une sorte de bouc émissaire On s'en prit
à lui de ce qu'on ne savait pas, de ce que l'on ne
pouvait savoir. Les débats n'apportèrent pas
beaucoup de lumière.

Callemin, Monnier, Soudy, Carouy, Metge, ne
cessaient de persifler et de réclamer les « preuves ». Gauzy put démontrer qu'il ignorait entièrement la présence de Bonnot dans sa chambre,
le jour de l'assassinat de Jouin. Les autres accusés
se défendaient opiniâtrement. Leur interrogatoire, du reste, ne donna aucun résultat.

Le procureur général Fabre prononça un réquisitoire violent.

171

Il réclama les têtes de Callemin, Dieudonné, Soudy, Monnier, Carouy, Metge.

Il abandonna Gauzy.

Pour les autres, il se contenta de faire appel à la loi.

Suivirent les plaidoiries.

Quelques-unes furent particulièrement émouvantes. Me Raphaël Adad, qui était le défenseur de Rirette Maîtrejean, prononça une plaidoirie sobre et généreuse, où il montrait sa cliente enthousiaste et convaincue, livrée surtout à « une sorte d'amitié amoureuse » pour Kibaltchiche, prête à le suivre partout, et cependant si maternelle, n'éprouvant d'autre chagrin d'être là qu'à la pensée de ses deux fillettes abandonnées.

Me Le Breton, le défenseur de Kibaltchiche, lui succéda. Il ne fut pas moins brillant, ni moins compréhensif du cas de son client.

Puis Me Zévaès pour Carouy, Me Campinchi pour Detwiller, Me de Moro-Giafferri pour Dieudonné, empoignèrent parfois la salle, cependant composée quelque peu étrangement.

Mais comment résumer de tels débats ?

Commencé le 3 février, le procès finissait le 27 du même mois.

On posa aux jurés trois cent quatre-vingt-trois questions.

Le jury se retira.

La nuit était venue et la salle des Assises se trouvait noyée dans l'ombre. On alluma des lumières. Les gens qui s'entassaient là, les uns

par une sorte de curiosité morbide, les autres par
nécessité professionnelle, succombaient à la chaleur et à la fatigue ; mais nul ne songeait à déser-
ter. On apporta des provisions du dehors. Et l'on
vit ce spectacle étrange de groupes qui man-
geaient sur les bancs, causaient, discutaient avec
animation sous les regards bienveillants des
gardes municipaux, cependant qu'à deux pas,
dans une autre salle, se jouait le sort de quelques
hommes.

Il y avait aussi des femmes — il y a toujours
certaines femmes aux grands procès, là où il
s'agit de mort et de sang – et qui riaient. Les
mêmes femmes qui s'en vont, au petit jour, rôder
autour de la guillotine. Des femmes ? Pas de
mères, sûrement, ni des amantes.

Le matin vint lentement. Quatre heures.

Une rumeur. Les jurés.

Cela faisait treize heures, treize mortelles heures
qu'ils délibéraient. Ceux-là avaient pris leur rôle
au sérieux pendant que la foule qui garnissait la
grande salle des Assises s'installait commodé-
ment pour manger, plaisanter, bavarder...

Une pesante angoisse tomba sur tous les
fronts. Un silence glacial s'établit. Pas un chucho-
tement. Pas même un mouvement.

Le président du jury, dont la voix tremblait,
commença la lecture du verdict. Les « oui » et les
« non » se succédaient. Et, tout d'abord, on ne
comprit pas très bien. Mais bientôt l'on sut.
Quatre des accusés étaient acquittés.

Ces quatre-là, c'étaient Rodriguez et trois femmes, Mmes Maîtrejean, Marie Vuillemin, Barbe Leclerch.

D..., B..., B..., R..., Kibaltchiche, Carouy, Metge, P..., R..., C. de F..., bénéficiaient des circonstances atténuantes.

Mais ils furent quatre sur lesquels les « oui » s'abattirent brutalement, implacablement.

Ces quatre étaient : Callemin, Dieudonné, Soudy, Monnier.

La Cour se retira.

A six heures, le jugement était rendu. Mais, d'abord, le président interrogea les accusés.

Dieudonné se leva et s'écria :

— Vous vous trompez. Je ne suis pas l'agresseur de Caby. Je suis innocent.

Et, soudain, se produisit un coup de théâtre :

Callemin s'était levé à son tour. Il tendit le bras, solennel.

— Messieurs, dit-il d'une voix forte, j'ai un aveu à vous faire. Dieudonné n'est pas l'assassin du garçon de recettes, Caby. Dieudonné n'était pas rue Ordener. Ceux qui ont fait le coup, c'est Garnier et moi. C'est moi-même qui ai arraché la sacoche. Je vous jure que Dieudonné est innocent. Il n'était pas des nôtres. Je suis prêt à l'écrire. Je l'écrirai demain au procureur général.

Cette déclaration imprévue, dont l'accent de sincérité n'était pas douteux, provoqua une formidable émotion. Il y eut des remous dans l'auditoire que le président dut réprimer violemment.

174

Dieudonné se mit à sangloter. Alors Callemin s'approcha de lui et lui frappa sur l'épaule :

— Ne pleure donc pas. Un peu d'énergie, que diable ! Puisque on affirme que tu es innocent.

Hélas, cette affirmation ne devait pas suffire.

L'avocat, Moro-Giafferi, déposa immédiatement des conclusions concernant la déclaration de Raymond la Science. Nous allons voir que tout cela fut inutile.

A sept heures cinquante-cinq du matin, le 27 février, la Cour prononçait les condamnations. La lecture en dura près de vingt minutes, dans un silence chargé d'anxiété.

Quatre condamnés à mort : Callemin, Soudy, Monnier, Dieudonné.

Deux condamnés aux travaux forcés à perpétuité : Carouy et Metge.

Dix-huit mois de prison pour Gauzy.

Dix ans de travaux forcés pour de Boué.

Les autres récoltèrent des peines variées, entre cinq ans de réclusion et une année de prison. Kibaltchiche, lui-même, se vit condamner à cinq années de réclusion.

Le procès était terminé.

La Société était vengée.

La déclaration de Callemin, innocentant d'une façon catégorique l'accusé Dieudonné, et qui produisit dans le public une émotion considérable, demeura sans lendemain. Parce que Callemin avait parlé au mauvais moment. Légalement, la revision du procès Dieudonné était impossible.

Cela peut paraître ridicule, extraordinaire, mais c'est ainsi. La loi a de ces chinoiseries.

Toutefois on ne pouvait guillotiner un homme dont la participation au crime était niée par tous ses présumés complices. D'autant que les rapports de police le présentaient comme un travailleur, vivant du produit de son travail, conquis, certes, aux idées anarchistes, mais repoussant les pratiques violentes de l'illégalisme. On le savait sentimental à l'excès. Il écrivait à M. Emile Michon, membre de la Société Générale des prisons, pour le prier de lui donner des nouvelles de sa mère malade. « Je souffre, disait-il, de voir, par la pensée, clouée sur son lit de douleur, les traits tirés, le visage amaigri par le souci, les yeux perdus dans un regard fixe, ma pauvre vieille maman accablée sous le poids de la fatalité. »

Maman ! Le cri de l'enfant ! Le suprême appel de l'homme malheureux.

« J'aime ma mère, écrivait encore Dieudonné, comme on doit aimer celle qui vous a donné le jour, qui vous a élevé au prix de mille sacrifices et qui a gravi le dur calvaire qu'est celui de toute mère, restant veuve de bonne heure, avec trois enfants en bas âge. Je l'aime aussi parce qu'elle souffre pour moi et que je souffre pour elle. En un mot, je l'aime, je l'aime pieusement comme un enfant aime une mère. Et lorsque dans mes nuits d'insomnie, je raconte mes peines au traversin de ma dure couchette, je me surprends, parfois, ten-

176

Un mouvement d'audience.

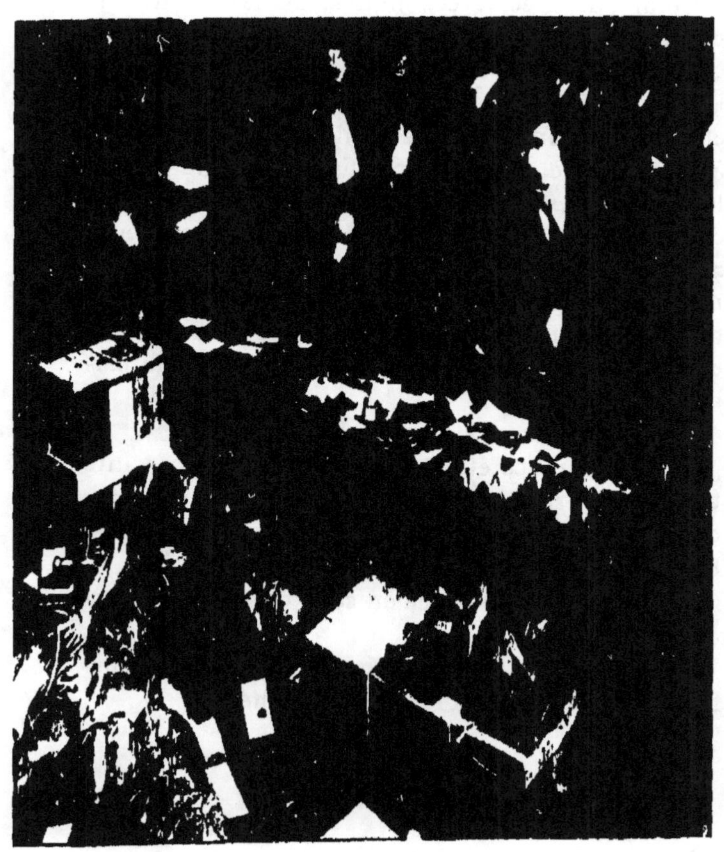

Les pièces à conviction.

dant les bras vers elle, comme quand j'étais tout
petit, lui murmurant, entre deux sanglots, le plus
gros de ma douleur. Je crois bien que je l'appelle
encore : « Maman ».

Maman !

Celui qui a écrit ces lignes, demande M. Michon, peut-il avoir été un criminel ?

Qui hésiterait à répondre ?

Eugène Dieudonné, gagné par les idées anarchistes, hantant les milieux illégalistes, sacrifiant
à leur morale, a pu hospitaliser des camarades,
les aider à se soustraire aux recherches policières, recéler même, puisque c'est le terme, leurs
armes et leurs outils. En ce sens, il était légalement coupable de complicité, de vol si l'on veut,
ou d'association de malfaiteurs. Cela lui valait,
comme pour les autres, quelques années de prison ou de réclusion.

On le condamna à mort.

Mais l'injustice était trop criante. L'épouvante
tombée, la raison et la pitié reprenaient leurs
droits. On comprit qu'on ne pouvait tuer cet
homme qui, lui, n'avait tué personne.

Sa peine fut commuée en celle des travaux forcés à perpétuité.

Au tranchant brutal de la guillotine, on substitua l'agonie lente et féroce du bagne.

XIV

LA NUIT DU VERDICT

A côté des impressions d'audience de cette dernière journée, voici des « impressions de coulisses », si l'on peut dire, extraites des *Mémoires* de Rirette Maîtrejean :

« Le 26 février au soir. — Enfin, nous touchons au terme. Il ne reste plus que la dernière plaidoirie à entendre. Demain, verdict.

« Nous sommes harassés. Les airs de gouaille adoptés par quelques-uns d'entre nous sont de parade. Au fond, nous sommes tous mortellement inquiets.

« Mᵉ Adad vient m'encourager une fois de plus.

« Je suis, depuis quelques jours, reléguée au troisième banc.

« — Ne vous effrayez pas, me dit-il, vous reprendrez, pour le prononcé du verdict, votre place au premier banc, la première...

« C'est pour moi un coup de massue. Plus

178

d'erreur, « j'écope » le maximum : vingt ans de
réclusion.

« Nous voici dans notre petite salle commune.

« Une dernière fois, Callemin veut crâner. Il dit
aux gardes :

« — Je mourrai quand il me plaira !

« Résultat : on nous fouille encore plus strictement que de coutume, on scrute les moindres plis
de nos vêtements ; on découd le mince ourlet de
mon sarrau. Les chevelures sont passées au
peigne fin.

« Chez quelques-uns, d'ailleurs, on découvre la
drogue libératrice.

« Le 27, à onze heures trois quarts, nous entrons
dans la salle d'audience.

« Kibaltchiche est calme et souriant. La veille,
il m'avait écrit :

« Mon amie, je vous demande pour nous deux
de nous résigner à la pire solution.

« N'oubliez pas que je ne saurais être fort que
si vous l'êtes avec moi et pour moi. Au fond, mon
amie, qu'importe le sort si nous savons le vaincre
l'un pour l'autre, et si nous savons que, quoi qu'il
advienne, nous nous retrouverons un jour.

« La dernière plaidoirie est enfin prononcée.
Une dernière fois, le président nous interroge.
Quelques dernières déclamations. Lecture des
questions : elles sont tant ! Que de formalités !

« Enfin les jurés se retirent.

« Après une demi-heure d'attente dans nos

chambres d'accusés, on décide de nous faire réin-
tégrer nos cellules.

« Il est deux heures trente. A trois heures, on
donne l'ordre de nous faire manger rapidement.

« Visite de Mᵉ Adad.

« — Le verdict sera rendu vers neuf heures du
soir, me dit-il.

« Je mange un peu de potage, je bois un peu de
lait, et je commence à tourner dans ma cellule,
comme une bête.

« Je m'essaye à lire. Impossible. Les lignes
dansent devant mes yeux.

« Les religieuses viennent me voir. La supérieure du Dépôt me fait apporter du thé très
chaud, mélangé de rhum.

« ...Je pense aux autres, à ceux qui, comme
moi, tournent dans leur cellule... Je ne peux rien,
que penser à tous les autres...

« A huit heures, on vient m'apprendre que les
jurés discutent la cent cinquantième question.
Il y en a quatre cents !

« — Allons, il y a du bon ! aurait dit Soudy.

« Extrêmement énervée, je m'étends tout habil-
lée sur ma couchette.

« Reposer dans de pareilles conditions est
impossible. Je reprends ma promenade le long de
ma cage.

« Onze heures du soir :

« — Venez, dit un gardien.

« Nouvelle fouille. Cette fois, tout est prohibé.
Une tablette de chocolat, une glace minuscule, un

180

petit crayon, un peu de papier blanc qu'on avait
bien voulu me laisser encore lors de la fouille du
matin, sont maintenant confisqués.

« On me laisse juste mon mouchoir : sans
doute prévoit-on que je vais pleurer !

« Dans les couloirs de la grande prison endor-
mie, nos pas retentissent, sonores.

« On nous mene de nouveau dans la petite salle
des accusés.

« En y pénétrant, j'ai un recul. Les cinquante
gardes municipaux préposés à notre surveillance
y ont bu et mangé abondamment. Le sol est jon-
ché de coquilles d'œufs, de croûtes de pain, de
papiers graisseux.

« Ils y ont aussi fumé, ainsi que l'attestent les
nombreux « mégots » éparpillés un peu partout,
et une épaisse nappe de fumée.

« Des relents de culot de pipe et de vin bon
marché flottent dans l'air. Une violente odeur
d'ail broche sur le tout.

« — Ouvrez la fenêtre, implorai-je.

« — Impossible, répondent les gardes, cela
nous est défendu.

« — Donnez au moins un coup de balai.

« — Egalement défendu.

« L'officier de service, qui fut constamment,
durant ces longs jours, d'une politesse exquise,
nous dit ses regrets.

« Ses hommes ont la consigne formelle de ne
point nous perdre un instant de vue et de ne point
nous permettre le moindre geste imprévu.

« Dans cette puanteur, M. Desmoulins, le gra-
veur connu, visiteur des prisons, vient nous voir,
Kibaltchiche et moi. Il est accompagné — par
quelle faveur ? — du prince Jaime de Bourbon (1).
Tous deux apportent quelques friandises. Ils
pensent aussi, sans doute, à quelques mots de
réconfort... mais ils demeurent médusés : nous
voici, Callemin, De Boué et moi, en grande dis-
cussion sur *La morale sans obligation ni sanction*,
de Guyau !

« Les gardes se montrent nerveux, inquiets.

« Une étrange fièvre s'empare de nous trois.
Nous nous mettons à parler tout haut, très
haut.

« L'éclat de nos voix parvient jusqu'à la salle
voisine, où est enfermé Kibaltchiche.

« Il vient jusqu'à la porte de séparation, nous
regarde avec curiosité. Enfin, il me sourit doucement, et s'en retourne.

« Soudy se met de la partie. Tout son répertoire
d'argot y passe.

« Nous parlons si fort, si longtemps, de choses
qui ne touchent nullement au procès, qu'un garde
inquiet va chercher l'officier de service.

« Celui-ci nous écoute un quart d'heure durant.
Il a, à la fin, un sourire étonné, et s'en va, indul-
gent.

---

1. Cette dernière nuit mortelle, de nombreuses « person-
nalités » tinrent à voir de près les accusés, comme on va
voir des fauves dans leurs cages. Et ce ne fut pas le moins
répugnant de l'histoire.

182

« Pendant ce temps, près de nous, j'entends
Metge qui fait des projets : s'il n'est pas guillo-
tiné, tout est bien : au bagne, il obtiendra une
concession, et fera du jardinage et de l'élevage,
son rêve !

« Et de temps en temps, un coup au cœur arrête
les mots sur mes lèvres : ces jeunes hommes, là,
près de moi, qui parlent, qui pensent, qui rient,
quelques-uns sont désignés pour la guillotine !
Celui-là, le plus insouciant, Callemin, comment
pourrait-il y échapper ?

« Tout à coup, un nom retentit, très haut :
« — Madame Maîtrejean !
« J'ai comme une commotion. Enfin, c'est fini !
Je m'empresse, je cours vers la porte, j'envoie du
bout des doigts, à la volée, un baiser à Kibaltchiche, je fais un signe amical à tous les autres, et
je passe, vite, très vite. J'ai hâte de savoir.

« Dans le couloir attenant à la salle d'audience,
des gardes sont massés.

« Des officiers les commandent.

« Derrière moi arrivent Rodriguez, la Vuillemin et la petite Barbe Leclerch, la maîtresse de
Metge.

« Et, brutale, la porte se referme.

« J'ai compris : *nous sommes acquittés, et nous
sommes les seuls acquittés !*

« Un sanglot, un cri :

« — Et Kibaltchiche !

« L'un des officiers s'avance :

« — Ne pleurez pas, madame, Kibaltchiche sera très peu condamné : six mois, un an, peut-être, très peu. Il sera libre en même temps que vous. Ne pleurez pas...

« La porte donnant sur la cour d'assises s'ouvre. J'aperçois une lumière grise d'aube sinistre. J'entends la voix monotone du président. M° Adad me fait lever, me fait rasseoir. Il me crie :

« — Répondez oui... Répondez non... Remerciez...

« J'ai su plus tard que la salle était comble d'artistes célèbres, de gens du monde, qui avaient soupé là et bu du champagne toute la nuit. Je n'ai rien vu. Je pleurais, je pleurais...

« Et, le lendemain, mon défenseur pouvait dire aux journalistes, avec une grande fierté :

« — C'est la première fois qu'on l'a vue pleurer.

.·.

« Puis, on nous fit sortir. Nous ne revîmes pas les autres, pas même une seconde. »

.·.

Veux-t-on mieux connaître cette Rirette Maîtrejean qui joua un rôle si dangereux aux Assises?

184

Qu'on nous permette alors de reproduire l'article
sensationnel que publia Séverine, le 11 août 1912,
dans le *Gil-Blas*, sous ce titre : *Rirette !*

« Un gentil nom, n'est-ce pas ? un nom qui semble d'autrefois, alors que les grisettes avaient
encore des bonnets, que les moulins avaient
encore des ailes, et que c'étaient cependant les
bonnets qui s'envolaient par-dessus les moulins.
Est-ce un nom, d'ailleurs, ou un surnom, née
d'une belle humeur printanière, dû à cette clarté
du visage qu'est le sourire ?

» Je le croirais assez, car je ne la connais pas.
Jamais le hasard ne me l'a fait rencontrer, pas
plus qu'aucun de ses proches. Je ne sais d'elle que
ses portraits, des instantanés pris au hasard. Une
frimousse espiègle, des yeux vifs, l'air d'une
gosse — mais d'une gosse qui aurait Gavroche
pour ancêtre, d'une gosse qui, après avoir bien
joué, bien ri, aimé le soleil, bu du reginglard sous
des tonnelles, soupiré des valses lentes, respiré
pour quatre sous de violettes avec plus de ferveur
que d'autres ne le font d'une rose d'un louis, saurait mourir en gaîté et en beauté... héroïque-
ment.

» Est-elle de Paris, ma payse ? Vint-elle, petite
bourgeoise évadée ou petite ouvrière aventu-
reuse, du plus calme bourg d'une lointaine province ? Je l'ignore absolument. Paris l'a prise,
voilà tout ce que je sais. Il l'a façonnée à sa manière, lui a donné le piquant de ses filles, leur
grâce alerte, ce bec qui semble rosé par les cerises

de Montmorency ou les fraises de Robinson. C'est aussi le goût du mystère, du romanesque, de l'imprévu, du risque...

» Trop, hélas, pauvre Rirette ! Ai-je dit que Rirette était en prison ? Elle a ri quand on l'a arrêtée ; ri dans les couloirs du Palais, aux passants, aux reporters, aux photographes ; ri à la lumière, à l'air libre, au grand jour ! Je n'ai pas dit non plus que Rirette avait vingt-deux ans — et deux petites filles dont on la maintient séparée.

» Cela seulement la rend grave, car cette gamine aime ses gamines, tendrement, passionnément. Et, cependant, elle se condamne elle-même à ne point les revoir, elle accepte d'être privée des petits bras autour du cou, des petites bouches sur la joue, des petits mots câlins qui sont comme des caresses, elle s'ampute de ses enfants, cette jeune mère, plutôt que de rendre à la Justice le léger service qu'on sollicite d'elle : dénoncer.

» A ce prix, étant donné le peu de gravité des charges qui pèsent sur elle, elle eût pu sans doute obtenir sa mise en liberté provisoire, peut-être même un non-lieu. La loi, pour qui la sert, a bien des complaisances...

» Sérieuse, cette fois, elle a dit non. Elle l'a répété à chaque tentative, aggravant son sort en parfaite connaissance de cause, acceptant toutes les charges que lui valait son méritant silence.

» J'ai parlé de Gavroche : on pourrait peut-être parler de Bara.

186

» Ce qu'elle a fait ? Elle n'a ni tué, ni volé, ni incendié, ni vitriolé. Elle n'est pas une de ces intéressantes mondaines dont la culpabilité ou la non-culpabilité défraient la chronique de la ville, servant d'objet aux polémiques et de thème aux conversations. Ce n'est point non plus une héroïne d'amour : elle n'a, passionnellement, endommagé aucune ni aucun.

» Son cas est moins grave et plus complexe — partant plus dangereux.

» Son ami ayant des opinions avancées, on lui reproche, parmi beaucoup de gens, quelques douteuses fréquentations. N'en est-il donc que là ? Quiconque évolue dans un cercle assez large et assez peuplé oserait-il répondre de toutes les personnes qu'il rencontre, salue, à qui il donne la main, ou qui traversent où lui-même n'est qu'un hôte — ce qui est le cas ?

» Surtout lorsqu'il s'agit du bureau d'un journal, lieu de passage plus qu'aucun autre au monde ! Rirette (je rappelle qu'elle a vingt-deux ans), étant employée dans ce journal, on avait eu l'inconséquence de mettre le loyer à son nom.

» Or, au cours d'une perquisition, voilà qu'on trouve deux petits revolvers dans les bureaux de ce journal, et qu'il est établi que ces revolvers ont été soustraits. Recel.

— Je ne suis pas une voleuse ! crie Rirette

indignée. J'ignorais même que ces armes provinssent d'un vol !

— C'est possible, riposte le juge. Mais vous devez savoir qui les a déposés là. Vous êtes locataire, légalement, donc, responsable... Il y aurait bien un moyen d'atténuer votre responsabilité, de diminuer les charges qui pèsent sur vous. Le voleur n'a pas craint de vous compromettre en se débarrassant du corps du délit dans un domicile à votre nom ; il n'a pas eu de scrupules envers vous... pourquoi en auriez-vous envers lui ? Nommez-le !

» Rirette regarde le magistrat, le greffier, les murs tendus de vert entre lesquels tant de malheureux, tantôt innocents, tantôt coupables, se sont débattus. Elle songe à ses petites filles, à la liberté, aux camarades demeurés fidèles et qu'il ferait bon circuler dans les rues de Paris...

» Le juge attend, croit qu'elle hésite, tandis qu'elle rêve.

— Allons ? fait-il d'une voix encourageante.

— Non, fait Rirette en secouant négativement sa petite figure pâlie par tant de mois de détention. Dénoncer quelqu'un, c'est une saleté ! Gardez-moi, envoyez-moi aux Assises, au bagne, où vous voudrez ! Moi, je ne ferai pas ça !

» Elle regagne la voiture cellulaire ; elle réintègre la chambre grillagée, là-bas, dans la grande maison noire, en haut du faubourg St-Denis. Et si, quand les lumières sont éteintes, Rirette n'est plus Rirette, si elle s'abandonne, si elle pleure, si elle appelle ses petites, les bras tendus dans la nuit, personne n'a pu le pressentir, personne ne peut le supposer, personne n'en sait rien. A l'aube, elle est Rirette comme elle l'était la veille au soir, vaillante et gaie. Si un moineau se pose derrière les grilles, il peut lui pépier :

— Ça va, petite sœur ?

» En ce temps où le caractère se fait rare, il m'a semblé intéressant de montrer ce brin de femme rebelle à la délation. Tant d'hommes, et non des moindres, se font si volontiers des délateurs !

» Ah ! J'oubliais ! Le journal s'appelle *l'Anarchie*, et Rirette, à l'état-civil, se nomme Mme MAITRE-JEAN. Mais ces détails n'infirment en rien, n'est-il pas vrai, ni la réalité des faits, ni l'abnégation du refus ? »

XV

LA FIN DES BANDITS

Nous touchons au dénouement. L'échafaud se dressait funèbrement, pour ceux qui s'étaient jetés furieusement dans une lutte féroce et sans issue contre la Société.

La chevauchée infernale des anarchistes s'achevait dans l'ignominie des exécutions capitales.

Mais, tout d'abord, il se produisit un incident qui vint encore ajouter au pathétique de ce sombre drame.

On apprit que Carouy venait de se suicider.

Déjà, lors de son arrestation, le bandit tragique avait essayé d'en finir, sans réussir d'ailleurs. Mais, cette fois, à la veille de partir pour le bagne, il ne se rata pas.

Le matin du 27 février, un gardien entra dans la cellule qu'occupait Carouy à la Conciergerie. Le prisonnier était étendu sur sa couchette et le gardien crut d'abord qu'il dormait. Mais, s'approchant de plus près, il constata que sur les lèvres du dormeur, un peu de mousse verdâtre apparaissait. Il appela au secours. Le condamné avait, dans la bouche, un morceau d'étoffe, un doigt de gant, que les dents serraient convulsivement. Le docteur Paul examina Carouy qui agonisait. Il lui fit boire du lait. Vainement. Vers les neuf heures, le condamné expirait.

Sans qu'on ait jamais pu établir comment, Carouy avait pu se procurer du cyanure de potassium. Me Zévaès confia alors aux journalistes que, la veille, son client lui avait dit : « Plutôt que de finir au bagne, j'aime mieux mourir tout de suite. »

Il avait tenu parole.

Et pourtant... Au moment où l'on prononçait la sentence, le condamné s'était mis à rire, assurant son défenseur qu'il aimait autant le bagne que la mort. Alors ? Voulait-il donner le change ? Etait-il sincère ? Et quel drame s'est joué dans l'âme farouche de cet homme ?

On essaya vainement d'établir par quels moyens Carouy, transféré par mesure de précaution, de sa cellule n° 3 dans la cellule n° 1, fouillé et refouillé par les gardins, avait pu obtenir le poison. Le mystère n'a jamais été éclairci. M. Guichard, pourtant, affirma qu'il avait vu à l'audience, un individu jeter un papier dans la direction de Carouy. Ce papier fut ramassé par un

garde républicain qui déclara : « Ce n'est rien...
du papier blanc... »

Ce fut le seul indice et qui n'expliquait rien
qu'on pût recueillir.

Mais, vraiment ce malheureux était-il aussi coupable qu'on a voulu le croire ?

En relisant, après des années la déclaration si
nette qu'il fit aux Assises, on se sent envahi par
le trouble.

Le président venait de l'interroger sur toute
une série de cambriolages et à propos du crime
Thiais. On lui réclamait également des détails sur
son arrestation. Il répondit avec simplicité. Il
conta son aventure avec un tel élan de sincérité et
de résignation que ses paroles émurent profondément les auditeurs.

Son récit vaut la peine d'être reproduit.

« J'étais à Ivry, chez un ami, lorsque celui qui
devait me vendre — oui, monsieur le président,
me vendre, car on m'a vendu, comme un *bétail* —
est venu me trouver et m'a dit :

« — Tu n'es plus en sûreté, ici. Je t'offre l'hospitalité chez moi, à Lozère. Je t'attendrai demain
matin à la Croix-de-Berny.

« Le lendemain matin, je me mis en route. En passant à Fresnes, j'ai remarqué — parce que, n'est-ce
pas, lorsqu'on est traqué, on remarque tout autour
de soi — j'ai remarqué, sur la route, deux gendarmes en uniforme et quatre ouvriers coiffés de casquettes. Quelqu'un a passé près de moi et m'a dit :

192

« — Tu as bien manqué d'être « fait » !

« Moi je ne le connaissais pas et j'ai tout de même répondu :

« — Oui.

« Plus loin, j'ai trouvé l' « ami » qui m'a amené chez lui. Là, j'ai travaillé toute la journée. J'ai vraiment travaillé, monsieur le président.

« J'avais mis une blouse de peintre et j'avais retiré mes pistolets de mes poches.

« J'étais armé parce qu'on m'avait dit que Garnier voulait ma « peau ».

« Les camarades avaient cru, n'est-ce pas ? que j'étais un mouchard. Alors, ils voulaient ma « peau ». Et j'étais armé pour me défendre.

« A cinq heures, l'ami chez lequel j'étais est venu me trouver et m'a demandé de l'accompagner à la gare. Il m'a dit : j'ai commandé un lit pour toi, tu m'aideras à le rapporter ici. »

« J'ai dit : « Eh bien, allons ! »

« Alors il m'a demandé d'enlever ma blouse et puis m'a conseillé de prendre mes pistolets.

« — Un homme comme toi doit toujours être armé, m'a-t-il dit.

« J'ai repris mes armes et j'ai enlevé ma blouse.

« Il a ajouté :

« — Tu comprends avec ta blouse on te remarquerait.

« Quand nous avons été sur la route, il m'a dit :

« — Je marcherai à dix mètres devant toi.

« Et moi, monsieur le président, je savais très bien que je devais être vendu, parce que je me suis dit : « Pourquoi veut-il marcher à dix mètres devant moi, puisque tout à l'heure nous irons ensemble à la gare et que nous reviendrons ensemble ? »

« Alors, je l'ai suivi sur la route. Il a marché tout le temps à dix mètres devant moi.

« Il faisait un beau soleil. Moi qui avais toujours envie de mourir, je me disais : « Que cela serait beau de mourir par un beau soleil comme celui-là ! »

« Vous comprenez, monsieur le président, je n'avais qu'une idée : c'était de me faire oublier, qu'on ne parle plus de moi et que je puisse me refaire une existence.

« Et toujours on me représentait comme un chef de bande ! On disait : « La bande à Carouy ».

« Si j'avais été un chef de bande, j'aurais eu de l'argent sur moi. Je n'avais que cent francs quand on m'a arrêté.

« Quand nous sommes arrivés devant la gare, j'ai vu d'abord une automobile qui stationnait dans le village. Puis celui qui me logeait s'est précipité et a traversé la gare.

« Alors, moi, je me suis arrêté à la porte...

« J'ai vu sur un banc quatre hommes qui étaient assis... Ils étaient habillés comme les « ouvriers » en casquette que j'avais aperçus à Fresnes. A côté de la porte, il y avait un homme avec un faux col.

194

« J'aurais pu revenir en arrière ; j'aurais pu tirer avec mes revolvers. Je ne l'ai pas fait parce que je respecte la vie humaine.

« Je suis entré dans la gare. Quand ils se sont précipités sur moi, je leur ai dit :

« — Ne me frappez pas ! Je suis armé !

« Un homme qui dit cela, monsieur le président, ce n'est pas un homme qui veut tuer !

« J'ai pensé :

« Ils ne me fouilleront pas trop minutieusement. J'ai du poison sur moi. A la première occasion, je l'avalerai et, comme cela, tout sera fini. Et voilà toute la vérité, monsieur le président. »

Le jour même où l'on apprenait le suicide de Carouy, le *Temps* publiait une lettre du disparu à son défenseur. Carouy y disait ceci :

« J'ai revu, cette nuit, toute ma pauvre petite vie. J'ai eu peu de joie, peu de bonheur ; je vous l'avoue du fond de ma conscience, j'ai peut-être commis des erreurs. Tous mes rêves de bonheur se sont effondrés au moment où je croyais qu'ils allaient devenir réalité. C'est pourquoi, n'ayant pas connu les joies de la vie, je quitterai le royaume des atomes sans regrets. »

Ainsi finit l'un des hommes dont le nom, pendant des mois, était devenu le symbole de l'horreur et de l'épouvante.

Et les autres ?

On se disait, dans le public : « Ils ont semé la mort. Ils ont méprisé la vie du prochain. Auront-ils le même mépris pour leur propre existence ? Sauront-ils mourir ? »

Ils moururent, simplement, sans forfanterie.

En attendant l'échafaud, les condamnés montraient une attitude toute de calme. Soudy plaisantait. Monnier jouait aux cartes avec lui. Callemin méditait et, de temps en temps, assurait aux gardiens l'innocence de Dieudonné. Il disculpait également de Boué.

Seul, Dieudonné demeurait accablé.

Des semaines coulèrent.

Enfin, le dimanche 20 avril, le bruit courut que l'exécution devait avoir lieu. Et l'on apprenait, en même temps, que M. Poincaré, président de la République, venait d'user de son droit de grâce en faveur de Dieudonné.

Il ne restait donc plus que trois hommes à mettre à mort : Callemin, Soudy, Monnier dit Simentoff.

La chose devait se faire le lundi matin.

De multiples comptes rendus, plus ou moins exacts, plus ou moins pittoresques, plus ou moins romantiques, ont été consacrés à cette triple fin.

Nous ne retiendrons que l'essentiel. Mais nous tenons à suivre plus particulièrement M. Michon, qui a vécu les dernières minutes des condamnés.

Le matin de ce sinistre lundi, 21 avril 1913,

avant l'aube, des détachements des gardes de
Paris, tenant leurs chevaux par la bride, se ran-
gent sur le boulevard Arago, les uns adossés au
mur de la prison, les autres devant leurs faisceaux.
On semble craindre une alerte.

Sous les arbres, se dresse la guillotine, haute et
maigre, qu'éclaire une lampe de veilleur. Autour,
des ombres qui parlent à voix basse, des soldats
silencieux.

Un homme, soudain, traverse le boulevard, une
longue perche à la main ; il éteint, l'un après l'autre, les becs de gaz. Des perles de rosée tombent
des arbres. La guillotine dans l'aube qui pointe
paraît glaciale.

Pénétrons dans les cellules.

Tous les avocats sont déjà dans le vestibule de
la prison. MM. Hennion, préfet de police, Guichard, chef de la Sûreté, une nuée d'inspecteurs
de service, les magistrats, le docteur Paul,
l'abbé Gespitz.

Les autres, les condamnés, se doutent-ils de
quelque chose ?

Brusquement, un individu entre dans le bureau
du directeur, l'air d'un paisible fonctionnaire.
C'est le bourreau. L'homme qui tue. Il prévient
que l'heure est venue de réveiller les condamnés.

Le cortège s'ébranle dans les couloirs et les
galeries. On va, doucement, à petits pas, de crainte
d'éveiller les autres prisonniers.

Arrêt à un carrefour. Chuchotements. Il s'agit

de diviser la besogne. Le directeur préviendra l'un des condamnés, le juge d'instruction se chargera du deuxième, le substitut du procureur du troisième.

Une porte roule sur ses gonds. Les gardiens se précipitent dans la cellule en criant : « Allons, debout ! levez-vous ! » Le prisonnier ne bouge pas. On le secoue. Alors, il se lève, ahuri, les yeux mi-clos, empoussiérés de sommeil. C'est Monnier dit Simentoff.

Tout de suite, il se rend compte de la situation.

— Votre pourvoi est rejeté, lui dit-on.

Il commence à s'habiller.

— Je m'en doutais, fait-il.

Il se retourne vers son avocat, M⁰ Bruno Dubron, et lui demande la permission de l'embrasser. On lui offre un petit verre de rhum. Il l'absorbe d'un trait. Puis, il tend la main à l'aumônier.

— Ce n'est pas au prêtre, explique-t-il, que je serre la main, c'est à l'ami.

Il a aussi quelques paroles de gratitude pour les inspecteurs et les gardiens. Tout cela avec bonne humeur, d'une voix qui ne tremble point.

Il s'en va d'un pas sûr, dans les couloirs, entraîné par deux gardiens.

Au greffe, il trouve le juge d'instruction Gilbert. Il lui dit :

— Monsieur le juge, on ne vous a pas encore fait la barbe. Mais ça peut venir un jour. Adieu. Je ne vous en veux point.

198

Il subit l'opération de la toilette, sans un mot.

Quand tout est terminé, il déclare :

— Vous allez voir comment meurt un Méridional, avec le sourire.

Callemin, lui, observe :

— C'est curieux, je croyais qu'on nous couperait les cheveux.

Il ajoute :

— On noùs les coupera tout de même, avec autre chose.

Soudy parle à peine.

Puis les trois hommes se font leurs adieux. Ils se plaignent du froid. Monnier tient à ce qu'on donne ses vêtements à des pauvres.

Mais, avant de rejoindre Monnier au greffe, Callemin, réveillé, avait dit en souriant à ses gardiens :

— Enfin, me voilà libre.

Soudy, simplement, murmura :

— Je suis prêt.

Puis, comme on se répandait en exhortations :

— Rassurez-vous, je serai courageux.

Après quoi il questionna son avocat, Mᵉ Doublet, après l'avoir embrassé :

— Et les autres ? Que disent-ils ? Si encore, j'étais le seul à mourir. Moi, ça n'a pas grande importance. J'étais déjà fichu. Ce n'est qu'une loque qui s'en va.

Et il demanda un verre de café.

— Je tremble, fit-il encore. Mais comme Bailly

sous la Révolution. C'est de froid et non de peur.

Il eut aussi cette réflexion :

— Quelle boucherie ça va être !

Dans le couloir, alors qu'il se dirigeait vers le greffe, il se mit à chantonner : « Salut ! ô mon dernier matin ! »

Le jour blême. La guillotine, impassible, attend la proie promise.

C'est Soudy qui, le premier, descend du fourgon. Il constate :

— Il fait froid.

Pas la moindre bravade. Il va à l'échafaud, avec simplicité. Il crie seulement :

— Au revoir.

On le pousse ; le corps bascule... Du sang. La tête est tombée.

Au deuxième.

Callemin se penche, du fourgon, pour voir. Et il rit, d'un rire sardonique, méprisant. Il s'adresse à ceux qui l'entourent.

— C'est beau, demande-t-il, l'agonie d'un homme ?

Il s'avance, trapu, décidé, la tête un peu basse. L'exécution s'accomplit, rapidement.

Monnier est déjà au bord de la voiture. Sa voix forte s'élève :

— Adieu, à vous tous, messieurs, et à la société aussi.

Mais on l'a jeté brutalement sur la bascule. Pour la troisième fois, le couperet glisse. La der-

200

nière tête tombe. Cela a duré exactement quatre minutes et demie.

C'est fini. La société a fait justice.

Justice ? Cette opération odieuse, dans ce décor de deuil, sous ce ciel bas et impavide ? Justice, ce triple meurtre, préparé dans tous ses détails, réglé, ordonné avec précision, parmi tous ces soldats, ces pelotons de gendarmes et de gardes ? Justice, cette méthode sournoise de suppression ? Mais à quoi bon philosopher ? Les hommes n'ont encore découvert d'autres moyens que de punir le meurtre par le meurtre.

Cependant, on ne peut s'empêcher de penser — et cela ne paraîtra point si subversif — qu'un peu d'équité dans les rapports des hommes, un peu moins de sauvage inégalité, plus de certitude dans la vie précaire des humbles et des laborieux, et de telles tragédies deviendraient impossibles. Le spectacle lamentable qu'offre l'humanité de notre époque, le contraste dangereux qu'établissent, à tous les regards, l'arrogance fastueuse des uns et la misère sordide des autres, voilà qui détermine et explique les bandits tragiques.

Ces hommes, en d'autres temps, transportés dans d'autres milieux, auraient pu se réaliser en « beauté », pour emprunter à leur vocabulaire.

Ce n'étaient pas, encore une fois, des bandits dans le sens ordinaire du mot, dégénérés alcooliques, affligés de tares héréditaires, dévoyés. Leurs âmes étaient lucides, leur volonté aiguisée.

201

C'étaient des êtres farouches qui crurent devoir se ruer, l'arme au poing, contre une société dont ils se considéraient les bâtards. Ils se sont lancés dans une randonnée de folie et de sang. Ils ont prétendu piétiner, implacablement, les morales, les préjugés et les hommes. Sur la route de la révolte, ils ont roulé jusqu'aux fossés rouges du crime.

Ils ont tué.

Ils ont payé aussi.

Payé, Bonnot, luttant seul, toute une matinée, contre les forces policières, contre les soldats, contre la foule, contre la mitraille et la dynamite. Payé, Garnier et Valet, soutenant un siège homérique contre une véritable armée. Payé, Soudy, gringalet exangue, chantant à deux pas de l'échafaud. Payé, Callemin ricanant jusqu'à la dernière seconde. Payé, Monnier avec son sourire de Méridional. Payé, Carouy préférant la porte de la mort à celle du bagne.

Maintenant, le rideau de fer est tombé sur le crime et sur l'expiation.

Les bandits tragiques ne sont plus que poussière.

Songeons aux survivants.

XVI

LE SURVIVANT

Les cadavres transportés au cimetière d'Ivry donnèrent lieu à une atroce scène. Il n'y eut qu'un simulacre d'inhumation. Deux des corps étaient réservés à l'Académie de médecine. Jusqu'à la fin, les anarchistes « scientifiques » servirent ainsi la science.

Le corps de Callemin fut utilisé pour des recherches de chimie biologique, celui de Monnier pour l'anatomie chirurgicale.

Puis, les jours suivants, on donna connaissance au public de ce qu'on appelait les « Testaments des bandits ».

Monnier avait écrit à son défenseur :

« Je lègue à la Société mon ardent désir qu'un jour, peu lointain, règne dans les institutions sociales un maximum de bien-être et d'indépendance, afin que l'individu, dans ses loisirs, puisse mieux se consacrer à ce qui fait la beauté de la vie, à l'instruction et à tout ce qui est science.

« Je lègue le revolver qui a été saisi dans ma chambre, lors de mon arrestation, à un musée de Paris, comme souvenir d'une innocente victime d'une affaire qui a jeté dans le pays un frisson d'épouvante, et, s'il est fait exécution du présent testament, je désire qu'il soit inscrit lisiblement sur la crosse du revolver, la parole du grand martyr : « Tu ne tueras point. »

Callemin, lui, avait laissé toute une série de papiers recouverts de notes et de réflexions. On y trouvait une étude sur le « crime » qui témoignait de la nature des pensées du prisonnier.

« Et d'abord qu'est-ce qu'un crime ? Ceci n'est pas une plaisanterie ; j'ai pu réfléchir, en effet, d'une façon assez utile en partant de mon cas personnel. Je suis arrivé à des conclusions qui m'ont quelque peu effrayé et que, par conséquent, je n'énoncerai pas. La conclusion définitive qui s'est imposée à moi est celle-ci : c'est l'attentat contre la vie humaine, mais je crois fermement ce corollaire nécessaire : perpétré dans certaines conditions. Je m'en tiendrai à cette formule peut-être trop synthétique pour ne pas devoir dire des choses désagréables. Cela veut dire que parfois la suppression de vies humaines est récompensée d'une façon honorifique, tandis que, dans d'autres cas, l'on voue l'individu à l'exécration universelle. »

Soudy écrivit simplement :

« Moi, Soudy, condamné à mort par les représentants de la vindicte sociale dénommée justice ;

« Considérant et attendu qu'il est de mon devoir de faire part au peuple conscient et organisé du détail de mes volontés dernières :

« 1° Je lègue à M. Etienne, ministre de la guerre, mes pinces-monseigneur, mes ouistitis et mes fausses clefs pour l'aider à solutionner et à ouvrir la porte du militarisme par la loi de trois ans ;

« 2° Mes hémisphères cérébraux au doyen de la Faculté de médecine ;

« 3° Au musée d'anthropologie mon crâne et j'en ordonne l'exhibition au profit des soupes communistes ;

« 4° Mes cheveux au syndicat de la coiffure et des travailleurs conscients et alcooliques, lesquels cheveux seront mis en vente, dans le domaine public et ce, au bénéfice de la cause... et de la solidarité.

« Enfin, je lègue à l'*Anarchie*, mon autographe afin que les prêtres et les apôtres de la philosophie puissent s'en servir au profit de leur cynique individualité. »

Ainsi chacun s'exprimait suivant ses goûts et sa nature : Monnier déplorant le meurtre, Callemin, philosophant, Soudy gavroche jusqu'au bout

et marchant vers la Camarde en lui faisant un
pied de nez.

.·.

Dieudonné partit pour la Guyane. On n'entendit plus parler de lui. On sut seulement que, par
deux fois il avait tenté de s'évader. Cela lui valut
d'être jeté dans une cellule de l'île Saint-Joseph.

C'est là qu'un des plus aventureux reporters de
notre époque, Albert Londres, put le joindre et
l'interroger. Laissons le parler :

« J'entrai dans le cachot.

« Son cachot n'était pas tout à fait noir. Dieudonné jouissait d'une petite faveur. En se mettant
dans le rayon du jour on y voyait même assez
pour lire. Il y avait des livres, le *Mercure de
France*, de quoi écrire.

« — Ce n'est pas réglementaire, mais on ferme
les yeux. On ne s'acharne pas sur moi. Ce qu'il y
a de terrible au bagne, ce ne sont pas les chefs,
mais les règlements. C'est des règlements que
nous souffrons affreusement. On ne doit pas
parler, mais il est rare que l'on nous punisse
d'abord. On nous avertit. A la troisième, à la
quatrième fois, le règlement joue évidemment.
Mais ce qu'il y a de pire, d'infernal, c'est le milieu. Les mœurs y sont scandaleuses. On se croi-
rait transporté dans un monde où l'immoralité
serait la loi. Comment voulez-vous qu'on se

206

relève ? Il faut dépenser toute son énergie à se
soustraire au mal.

« Sa parole était saccadée. Il parlait comme un
coureur à bout de souffle.

« — Oui, je suis ici, mais c'est régulier. Pour
ma première évasion, je n'ai rien eu. Pour ma
seconde, au lieu de trois ans, on ne m'a donné
que deux ans. Je peux dire que l'on me châtie
avec bonté. Il me reste encore trois cents jours
de cachot sur les bras. Je sais que, s'il y a moyen,
je ne les ferai pas jusqu'au bout. Il ne faut pas
dire que l'on ne rencontre pas de pitié ici. C'est la
goutte d'eau dans l'enfer. Mais cette goutte d'eau,
j'ai appris à la savourer. Aucun espoir n'est en
vue, et je ne suis pourtant pas désespéré. Je travaille. J'ai été écrasé parce que j'étais de la bande
à Bonnot et cela sans justice. J'ai trouvé plus de
justice dans l'accomplissement du châtiment que
dans l'arrêt.

« Je suis seul sur la terre. J'avais un enfant. Il
ne m'écrit plus. Il m'a perdu sur son chemin, lui
aussi.

« Il pleura comme un homme.

« — Merci, dit-il. Ce fut une grande distrac-
tion.

« Et comme on repoussait la porte, il dit d'une
voix secrète qui venait de l'âme :

« — Le bagne est épouvantable. »

Un autre bon confrère, Louis Roubaud, a vu le prisonnier longuement. Il a conté visites et entretiens dans le *Quotidien*.

Dieudonné lui a dit :

« Je suis resté onze ans et demi aux iles du Salut. J'y ai travaillé de mon métier.

« Les beaux bois de la Guyane étaient mes bons amis silencieux. Avec eux, j'ai passé des heures fatigantes, mais pleines d'oubli, et ils m'ont évité des punitions.

« La punition est souvent le fait des circonstances plus que du bon ou du mauvais vouloir. Des hommes intéressants ont un livret chargé, d'autres dont la fiche est immaculée ne sont pas très recommandables, mais ils ont flatté leur chef, dénoncé leurs camarades. Ils se sont, comme on dit, *planqués derrière un pot à tisane*.

« Les commandants qui se sont succédé m'ont tous témoigné leur estime. Ils me parlaient comme à un ouvrier, comme à un homme, non comme à un bagnard. Je leur en garde une reconnaissance très vive car ils pouvaient me traiter plus durement s'ils l'avaient voulu. »

« Il expliqua ensuite les raisons de ses évasions :

« La première fois, ce fut en 1919. Ma mère mourait. On venait de refuser la commutation de peine... Je constituais un canot tige léger qui se retourna sur la première vague.

208

« La seconde en 1919. Ils partirent à cinq sur une échelle attachée à trois tonnelets et furent ballottés quarante-sept heures sur l'Océan avant d'arriver à Iracoubo.

— La dernière nuit, dit Dieudonné, je fus pris d'une fièvre hallucinante et, dans mon cauchemar, je me jetai trois fois à la mer. J'étais bon nageur, le froid me réveillait et je me raccrochais à l'échelle sur laquelle mes compagnons me hissaient.

« Ils se serrèrent tous contre moi pour me réchauffer un peu. Quand nous abordâmes près d'Iracoubo, je ne pouvais plus marcher. Mes pieds gonflés d'eau se déchirèrent et s'envenimèrent dans la vase des savanes. J'abandonnai mes compagnons et résolus de me diriger, comme je le pourrais, vers Saint-Laurent, pour me constituer prisonnier.

« J'ai mis quinze jours avant de rencontrer deux portes-clés de Charvein à qui je demandai de m'arrêter. J'ai refusé de partager la prime avec eux. »

Mais il y a des choses que Dieudonné ne dit pas.

Il ne dit pas comment il opéra un sauvetage dans des conditions plutôt dramatiques. Un transporté, le nommé Azzouy, venait de tomber à l'eau en pêchant à la tortue dans un endroit où pullulaient les requins. Dieudonné, sans la moindre hésitation, se mit à la nage. Rejeté plusieurs fois par les vagues, il s'acharna. Il réussit à ramener le naufragé vivant.

Mais si Dieudonné ne parle pas de cela, son dossier en fait mention. Le ministre de la Justice peut le lire.

Il y a encore autre chose dont Dieudonné ne souffle mot. Pas la moindre allusion. C'est le drame sentimental qui se joua dans sa triste existence.

Dieudonné avait une compagne qu'il adorait. Un jour cette dernière, prise de folie, l'abandonna. Elle rejoignit un autre homme, un anarchiste devenu son amant. Dans les milieux anarchistes, l'amour libre est la loi ; chacun comme chacune est libre de son cœur et de son corps.

Dieudonné s'inclina. Mais une affreuse souffrance le torturait.

Plus tard, il écrivit à M. Michon pour lui parler de l'épouse perdue. Il aimait toujours cette femme. Il disait :

« Pour ne pas me laisser dominer aveuglément par la passion que je ressentais et que je ressens toujours pour la seule femme que j'ai véritablement aimée, il m'a fallu déployer toute la volonté dont un homme peut disposer. Je l'aimais tellement... que le jour maudit, où elle a rencontré l'hypocrisie, où elle s'est laissé dominer par la flatterie, j'ai vu rouge... mais je l'aimais trop encore, et je respectais trop sa liberté, je me suis défendu de la faire pleurer... J'ai souffert... et je

suis parti. Mais de combien s'en est-il fallu
pour que ma passion ne devint un drame ?
Peut être seulement un peu de hasard et c'est
heureux... »

Il a souffert et il est parti. Tout l'homme est
là. Et dans ses « Souvenirs », il ne dira rien de
cette aventure qui montre — qu'en pense-t-on ?
— le « bandit » sous un jour tout à fait nouveau.
Mais l'épouse ? Elle a compris toute l'étendue
de son erreur et de sa faute. Elle a compris quel
était l'homme qu'elle avait perdu. Et elle le réclame obstinément. Elle le réclame à ses amis, aux
autorités, aux journalistes. Elle le réclame pour
elle et pour l'enfant qui a grandi. Elle lui a con-
sacré un foyer, un intérieur où le rescapé pourra
venir goûter un peu de repos — sinon le bonheur
total et sans mélange.

.·.

Faut-il insister sur Dieudonné ? Ceux qui l'ont
approché l'ont compris. On a pu voir, selon les
propres expressions dont il se sert dans une lettre.
qu'il fut anarchiste sincèrement. loyalement.

« J'ai cru à l'harmonie idéale entre les hommes
par le seul fait de leur bon vouloir et de leur intelligence, c'est-à-dire sans le recours de l'autorité.
J'ai été anarchiste comme on est chrétien ou juif
ou musulman. *J'ai cru en l'anarchie.* »

Vous entendez cela. *Il a cru.* C'était un croyant.
Et ce croyant, on l'aurait mené où l'on aurait
voulu.

Jusqu'où l'a-t-on conduit ? Jusqu'au meurtre.
Non. La violence le faisait sursauter d'horreur.

Jusqu'à accepter certaines complicités morales ?
Jusqu'à mettre la main à certaines tentatives illégalistes ? Peut-être ! Il était anarchiste. Il croyait.
Il a pu marcher, accepter de recéler des objets
ou des armes, faciliter les méfaits de camarades,
hospitaliser des réprouvés... Crimes évidemment,
du point de vue de la morale sociale et des gendarmes. Crimes. Mais le Code est là qui les pèse
et les estime, ces crimes. Ça vaut quelques années
de prison, au maximum.

Or, il y a plus de douze ans que Dieudonné est
au bagne. Et il y est pour un crime dont on l'ac-
cuse faussement. Il y est pour sa participation à
l'attentat de la rue Ordener, alors que de tous
côtés se sont élevées des voix pour l'innocenter,
alors que rien, absolument rien n'a pu être prouvé
contre lui.

On l'a arraché à l'échafaud. Mais c'est pour le
jeter dans les tortures et les affres d'une mort
lente et ignominieuse.

Ceci ne vaut guère mieux que cela.

CONCLUSION

Nous nous sommes efforcés, en traits rapides, de faire revivre l'épopée des bandits en auto et l'époque des anarchistes individualistes. A la vérité, il n'est pas possible de tout dire. Il faut que quelques années coulent encore et, peut-être, pourra-t-on ressusciter, dans tous ses détails, dont quelques-uns sont hideux, toute cette tragédie inoubliable.

Comment des jeunes gens pleins d'ardeur, pleins d'enthousiasme, ont-ils pu ainsi s'engager dans la voie du crime et quelles influences les ont déterminés ? Quelles lâchetés écœurantes, quelles délations immondes, quels égoïsmes abominables, ne trouve-t-on point quand on fouille plus avant dans ce sombre drame ? Et quelles bévues n'a pas commises la Justice ? Mais il est des rescapés qui après l'expiation sont entrés tristement dans le rang, qui peinent, travaillent, luttent quotidiennement et ne réclament que l'oubli. Paix à tous

ces pauvres diables qui ont payé très cher quelques minutes d'entrainement.

Nous ne nous flattons point d'avoir donné satisfaction à tous nos lecteurs. Nous savons de forts honnêtes gens, banquiers, commerçants enrichis, brasseurs d'affaires, trafiquants, marchands de viande et de poison, des *bourgeois*, gros ou petits gonflés de préjugés et vêtus d'incompréhension qui s'indigneront véhémentement. Ces petits-cousins du roi Bombance dénonceront notre partialité, estimeront que nous avons trop magnifié le courage et l'énergie des bandits. Mieux encore. Nous aurons, par instants, fait l'apologie du crime et des criminels.

Nous savons des anarchistes qui ne nous pardonneront pas d'avoir insisté sur les petits ridicules de leurs milieux et d'avoir quelque peu raillé certains de leurs apôtres en baudruche.

Nous savons, enfin, de délicats lettrés qui esquisseront une grimace de dégoût devant ce qu'ils appelleront un roman-feuilleton. Un roman-feuilleton fait avec de la vie et du sang, encore chaud de toute la douleur humaine. Ces Messieurs préfèrent s'intéresser aux gestes de Corydon.

Laissons les uns et les autres patauger dans la fiente de leurs critiques. Il nous suffira d'avoir éveillé l'intérêt et heurté la pensée des hommes qui sentent et qui savent raisonner. Car ceux-là verront avec netteté les causes profondes, les causes vraies des conflits qui, périodiquement, dressent des intelligences agissantes contre la société.

214

La période des Bandits tragiques et des illégalistes n'est du reste pas tout l'anarchisme et tous
les anarchistes.

L'anarchisme a une source lointaine et ses lettres de noblesse. Les pères de l'anarchie, ce
furent, sans vouloir remonter jusqu'aux utopistes,
des sociologues et des écrivains qui s'appelaient
Charles Fourrier et Proud'hon. Mais, chez ces
rêveurs, l'anarchisme ne fut que théorie, spécula-
tion. L'action anarchiste se développa du jour où
Bakounine apparut et livra bataille à Karl Marx.
Elle se précisa lorsque l'Internationale socialiste
jeta à la porte ses frères indisciplinés.

Au début, l'anarchisme n'est que du socialisme
anti-autoritaire. Il combat l'Etat et le parlementa-
risme. Il est conduit, surtout, par un âpre besoin
de critique. Mais, peu à peu, il se scinde en diverses chapelles. On voit pointer le nez de l'individualisme. La critique tourne en rond et s'exerce
sur les idées anarchistes elles-mêmes. Stirner,
Nietzsche se mêlent à la danse et font un singulier vis-à-vis à Reclus et à Kropotkine.

Lentement les déviations monstrueuses s'ac-
cusent.

Au cours de la période ravacholienne, c'est encore l'idéalisme qui domine. Les Ravachol, les
Vaillant, les Caserio, les Emile Henry entendent
combattre les mauvaises forces sociales et l'organisation collective arbitraire. Mais cette époque,

215

close, après tant de prisons et de bagnes peuplés,
l'égoïsme illégaliste s'affirme. Il se complique de
scientifisme primaire. Les ravages sont incalcu-
lables. L'anarchiste tombe dans mille travers.

D'abord, il rejette l'Utopie Révolution. La masse
ne compte pas plus à ses yeux que l'avenir. Il veut
vivre et tout de suite. Et après quelques tâtonnements, il se jette, l'arme au poing, contre la société qui le relègue dans le rang des parias.

Et c'est la tuerie, le duel effroyable entre une
poignée de téméraires et toutes les forces sociales
constituées.

Cerveaux faibles, dira-t-on. Esprits surchauffés,
grisés par le mauvais vin des lectures hâtives.
Sans doute. Mais examinez la caverne sociale
dans laquelle s'étiolent ces hommes. Pesez les
inégalités, les injustices, l'intolérable opulence
d'une minorité jouissante face à la misère morale
et matérielle du plus grand nombre plongé dans
les geôles du travail qui tue... Oui, voyez tout cela.
Scrutez le visage angoissé et grimaçant de notre
admirable Société... Et vous aurez découvert, en
dehors des causes purement accidentelles, la vraie
logique et la seule explication des Bandits Tragiques.

NOTES

Sur Bonnot. — D'aspect, Bonnot passe inaperçu. Sa figure
est quelconque. Il faut l'étudier, lui parler en face, le connaître enfin à fond, pour remarquer la vivacité de ses yeux
gris, petits et perçants, l'énergie de ses traits, la brièveté
et la netteté de sa parole. Il parle assez bas. Il a un poumon malade. Au premier abord, il semble plutôt un « petit
vieux bien propre » qu'un illégal. Il a du reste toujours,
avec lui, une petite sacoche en cuir qu'il tient à la main,
jamais gantée : dans cette sacoche, il enferme, brosses
diverses et nécessaire de toilette ; il ne paraît jamais sale
en public, même après un travail salissant. Brosses, savon,
serviettes, cols et manchettes de rechange lui donnent un
air paisible. En un mot un artiste ès crimes, comme on a
dit.

Intellectuellement, peu de connaissances. Primaire, il ne
s'est jamais perfectionné. Manque absolu de culture. Peu
enclin aux idées, réfractaire à tout travail cérébral. Moralement, correct avec ses pairs qu'il traite en égaux. Il n'a
pas d'amis. Il n'a que des camarades d'occasion, surtout
parmi les anarchistes, assez enclins à la camaraderie.
Techniquement, un mécanicien hors pair, chauffeur d'auto
exceptionnel, voleur adroit, expérimenté. Il a cependant une
supériorité sur Garnier. Il est adversaire de l'assassinat.

Cela semblera étrange. C'est pourtant ainsi. Il ne consent
au meurtre qu'en dernier ressort. Il aime les travaux faits
en artiste, sans traces, sans effusion de sang, sans effraction
ou, alors, avec le minimum. On verra que ce portrait est
juste en étudiant ses affaires dans les journaux de l'époque.

217

Sur Garnier. — Fort. jeune et très beau. Il a la figure franche et rieuse. Sûr de lui. N'a pas la notion de la peur. Ignore le mot et la chose. Ambidextre très adroit. De l'avis de tous ceux qui l'ont connu, il était seul capable, entre tous les illégaux, d'attaquer le garçon de recette Caby. Il a vingt-deux ans. Mais depuis l'âge de quatorze ans, il travaille comme terrassier, boulanger ou métallurgiste, toutes corporations révolutionnaires comme on sait.

Intellectuellement, pas de culture. Mais, à l'encontre de Bonnot, il aime discuter les idées ; il en parle peu, mais sensément. Il a une règle de vie absolument saine, penche pour le végétarisme, boit de l'eau. Il lit peu et seulement les journaux. Comme Bonnot, il aime le théâtre, mais alors que le premier aime aussi le music-hall, le café, le concert, le casino, Garnier les ignore. Il préfère les sports, où il se montre fort adroit, supérieur comme tous les ambidextres. Moralement, très supérieur à Bonnot dans ses relations avec ses pairs, où il compte des amis. Il donne facilement aux pauvres, aux femmes, adore les enfants, secourt les vieillards, les faibles.

Par contre, inférieur à Bonnot dans le respect de la vie humaine. Il compte pour rien les hommes qui ne sont pas de ses idées ou même d'idées assez proches. C'est lui, toujours lui, qui tuera le premier, avec un manque absolu de sensibilité. Il se disputera même avec Bonnot parce que celui-ci lui reprochera ses crimes en termes vifs et l'appellera « terrassier, machine à bosseler, chaussette à clous, bête à tuer ». « Pas de témoin », répond-il. Ce qui fera hausser les épaules à Bonnot.

Garnier a l'œil grand ouvert, le regard aigu, mais non pas perçant comme Bonnot. Ce portrait de Garnier est connu dans les milieux anarchistes où il vécut, au moins quatre ans.

Sur Callemin. — Callemin, dit Raymond la Science, est d'une espèce très différente. Il n'est lié avec les deux premiers que pour le résultat. De même que Bonnot, il traitera souvent Garnier de « brute épaisse ». Celui-ci y sera sensible, rompra, puis reviendra.

Callemin est petit, fort et trapu. Il fait du sport. Mais il est myope. Glabre et rose, un témoin l'appellera aux assises, « Bébé rose », ce dont on rira, lui le premier. Car il a de l'esprit jusqu'au bout des ongles. On l'a vu au travail de l'*Anarchie*, à l'étude. Il est particulièrement fort sur l'intelligence et l'instinct. Le Dantec est son auteur favori.

On ne lui sait pas de profession. Il fut scribe dans plusieurs bureaux avant de venir à l'anarchie. Moralement supérieur aux deux premiers. Il lui faut dompter ses sentiments pour tuer. Il aime passionnément la musique, le théâtre. Il manifestera souvent le désir d'arrêter une vie de rapines, et n'y reviendra que pour tâcher de se procurer la forte somme, afin d'en finir une fois pour toutes.

Très charitable, il se rapproche par là de Ravachol, alors que Bonnot s'avère égoïste et âpre au gain.

Sur Carouy. — Carouy, lui, vient de Bruxelles, de même que Callemin, de même que Kibaltchiche, et, comme eux, a débuté dans le socialisme, alors que Garnier vient du syndicalisme. Carouy est de taille moyenne, mais de première force. Il fait du sport. Il est végétarien, buveur d'eau. Il n'a aucune culture, mais il lit livres et journaux, discute les idées, suit attentivement le mouvement social, s'intéresse à tout. En un mot, il cherche à se perfectionner.

Son idéal, c'est une petite maison à la campagne, avec jardin et basse-cour et... une jolie compagne. Il espère une réussite pour mettre ses projets à exécution. En attendant il vole. On le voit revenir chargé, mais on ignore d'où il vient et ce qu'il porte. Puis il repart à nouveau, toujours sans mot dire. Sa compagne, elle-même, ne sait rien de ses affaires. Elle s'en moque du reste. Elle est belle, cultivée, aimée, ça lui suffit.

La réputation de Carouy est formidable. On le donne comme illégal des plus habiles. Carouy est un bon camarade pour tous. Quand il peut, il rend service volontiers. Il se rapproche de Bonnot pour la manière de son travail : c'est un maître dans son art. C'est pourquoi il peut vivre pendant des années du vol sans attirer l'attention.

(D'après DIEUDONNÉ : *Souvenirs*.)

EUGÈNE DIEUDONNÉ PENDANT L'EXÉCUTION :

Le 22 avril, je crois, vers quatre heures du matin, ce sont des bruits inaccoutumés.

Le bruit se rapproche. Je murmure : « C'est pour aujourd'hui. »

On m'avait déjà appris que j'étais gracié, confidentielle-

219

ment. Mais je demeurais dans le doute. Cruelles heures d'anxiété. Des pas nombreux sur les dalles de mon couloir. On vient de s'arrêter devant ma porte. J'entends une voix.

— On commence par celui-ci ? demande quelqu'un.

Celui-ci, c'est moi.

On ouvre ma porte. Alors s'avance un homme que je ne connais pas.

— Je vous annonce une bonne nouvelle, dit-il lentement. Vous êtes gracié...

Je le remercie sans trop savoir ce que je dis. Et je me lève. Je me trouve en présence de M. Gilbert, qui m'adresse de bonnes paroles. Puis, c'est le directeur de la Santé :

— Couchez-vous, me conseille-t-il, ce n'est pas pour vous.

Me coucher ! Toujours la note comique dans les pires tragédies. Après ça, le directeur s'informe auprès de M. Gilbert si je suis bien l'unique gracié.

Je suis le seul qui échappe. Je tremble.

Puis, tous deux s'en vont.

On ferme ma porte.

J'entends les pas qui s'éloignent. Callemin, Soudy et Monnier sont logés dans les cellules qui précèdent la mienne. Ils figurent certainement dans le cortège macabre, car on est entré dans les quatre cellules, à peu près en même temps.

Je tourne comme un fauve dans mon cachot. Je ne vois plus mes deux inspecteurs qui semblent vouloir respecter ma douleur.

Mais je vois, oh oui ! je vois mes malheureux coaccusés en route pour l'échafaud. Je les vois, comme si j'y étais. Je vois leurs têtes qui tombent, surtout la tête de Callemin, qui fait une grimace dans la sciure. Je vois le sang qui gicle. Je vois tout, tout... Terrible lucidité de l'imagination. Une faiblesse me prend. Je m'appuie au mur et j'aperçois les deux inspecteurs, très pâles, et qui me regardent.

L'orgueil est alors plus fort que la faiblesse.

Je bois un grand bol d'eau pour provoquer une réaction. Je veux manger aussi, dans la même intention, et ne trouve qu'une croûte de pain dur oubliée sur ma planche. Je la dévore. Cela me permet de me tenir debout quand on rouvre ma porte. Ce sont les inspecteurs, gardiens, médecins qui ont accompagné Callemin, Monnier et Soudy jusqu'à l'écha-

220

faud. Ils me confient. des larmes dans les yeux. l'impression
que leur a faite l'exécution.

Ils sont allés à la mort, dignement. simplement, sans
injures, sans pose non plus.

Alors, le médecin :

— Que pensez-vous, Dieudonné ?

— Ils ont fini de souffrir. docteur, et pour moi. ça commence.

— Mais, vous avez la vie, Dieudonné, vous êtes jeune.
Tant qu'il y a de la vie, il y a de l'espoir.

On ferme ma porte. Je m'efforce d'oublier. Je deviens
d'une loquacité intarissable. Un des inspecteurs est justement un fervent de Jean-Jacques Rousseau duquel nous
avons causé souvent. Je l'entreprends sur le droit de punir.

La pluie tombe au dehors.

— C'est pour laver la place Arago, dis-je.

Mon disciple de Rousseau proteste contre ces mots:

— Ils l'ont mérité, fait-il. Mais la décapitation est de trop.
L'incarcération suffisait : ils ne pouvaient plus nuire. Le
sang appelle le sang. La haine appelle la haine. C'est aux
plus forts à se montrer les plus sages.

Je ne parviens pas à me taire. Les inspecteurs m'écoutent.
Et ils me répondent, intéressés tous deux.

Puis la promenade. Je passe devant les cellules de mes
trois décapités. Elles sont grandes ouvertes. Je revois
Callemin. Je le reverrai souvent. Je l'entendrai même. J'ai
en mémoire un passage de « Cavalleria Rusticana » qu'il
fredonnait volontiers.

Il faut que je fasse un effort terrible pour avancer. Les
inspecteurs s'en aperçoivent et l'un d'eux me soutient par le
bras.

(Souvenirs).

TABLE DES MATIÈRES

223

ACHEVÉ D'IMPRIMER
LE 23 JUIN 1926
POUR
SIMON KRA
PAR
L'ALLIANCE TYPOGRAPHIQUE
35, RUE MADAME A PARIS
SUR LES PRESSES
DE
PAILLART A ABBEVILLE

www.ingramcontent.com/pod-product-compliance
Lightning Source LLC
LaVergne TN
LVHW051118060726
842525LV00003B/962